Philo-notions

Collection dirigée par Jean-Pierre Zarader

Autrui

Bernadette Delamarre
Agrégée de philosophie

ellipses

Dans la même collection

- *Autrui*, Bernadette Delamarre
- *Connaissance du vivant*, Marie-Rose Faure
- *L'art*, François Warin
- *La conscience – l'inconscient, le désir, les passions*, Jean-Paul Ferrand
- *Le droit – la justice, la force*, René Lefebvre
- *L'État – le pouvoir, la violence, la société*, Alain Lagarde
- *L'existence – la mort, le bonheur*, Bernadette Delamarre
- *L'histoire*, Jean-Claude Gens
- *L'imagination – le jugement, l'idée*, Bernard Lacorre
- *Le langage*, Philippe Ducat
- *La liberté*, Joël Wilfert
- *La métaphysique*, par Marc Ballanfat
- *La morale – le devoir, la volonté, la personne*, Philippe Fontaine
- *La religion*, par François Cavallier
- *La science – les mathématiques, l'expérience, la logique*, Miguel Espinoza
- *Le temps – la perception, l'espace, la mémoire*, Olivier Salazar Ferrer
- *Le travail – les échanges, la technique*, François Cavallier
- *La vérité – l'irrationnel, le sens, la sagesse*, Fabrice Foubet
- *Nature et culture*, François Cavallier

ISBN 2-7298-9622-8

Sommaire

L'existence d'autrui

I – L'évidence immédiate d'autrui et la solitude

Autrui est immédiatement évident. Évident comme présent dans le monde, le monde même où je suis. Mais autrui n'est pas ajouté à ce monde, il n'y figure pas à titre de supplément. Ou encore, si l'on veut distinguer deux mondes, celui des hommes et celui des choses, il faudra reconnaître que le monde des hommes n'est pas superposé au monde des choses, mais *entrelacé* avec lui. En effet, « je n'ai pas seulement un monde physique, je ne vis pas seulement au milieu de la terre, de l'air et de l'eau, j'ai autour de moi des routes, des plantations, des villages, des rues, des églises, des ustensiles [...]. Chacun de ces objets porte en creux la marque de l'action humaine à laquelle il sert. Chacun émet une atmosphère d'humanité [...]. Dans l'objet culturel, j'éprouve la présence prochaine d'autrui sous un voile d'anonymat[1] ». Ce dont témoigne l'objet culturel, qui comme tel est bien une chose, c'est qu'autrui a la propriété d'être présent en une chose, hors de sa présence effective *en chair et en os.* Mieux encore, dans la nature morte du peintre, je ne vois que quelques pêches, des poires et un quartier de melon. Mais qui a réuni ces fruits, sinon autrui ? Autrui est présent dans le simple voisinage de ces fruits d'espèce différente, dans la seule régularité des tranches du melon découpé, sans même qu'il faille un compotier ou un couteau pour attester cette présence.

On a voulu tirer trop de conclusions de la solitude. Comme individu j'ai certes une suffisance biologique relative : je ne puis me passer d'air, d'eau, de nourriture ; mais je puis, semble-t-il, me passer d'autrui. L'île déserte figure alors un monde où un homme peut vivre ou survivre, mais dont autrui est absent. La permanente solitude du naufragé apporterait la preuve de la consistance d'un monde sans autrui, et donc du fait qu'autrui n'est qu'un supplément au monde. Mais Robinson possède la caisse du charpentier : à l'écart des autres hommes, il n'est pas séparé de l'humanité, il n'a pas à refaire le lent processus qui l'a conduite à la maîtrise des outils. Empiriquement seul dans son île, il a déjà l'humanité avec lui dans la hache

1. Merleau-Ponty, *Phénoménologie de la perception*, Gallimard, 1945, pp. 399-400.

et le mousquet. Cependant, non content de recueillir l'héritage de l'ingéniosité humaine cristallisée sous la forme des outils, il multiplie les rites et les activités « conventionnelles », c'est-à-dire dépourvues d'utilité vitale : Robinson a peur de manquer d'*encre*, et pas seulement de poudre ou de clous. Le besoin de tenir un journal et un calendrier prouvent qu'un monde où l'on survit est incomplet si l'humanité n'y est pas présente. Car le calendrier, avec ses dimanches, et ses mois, ses anniversaires et ses célébrations, n'est ici que l'humanité du temps. En remplaçant la paresseuse fluidité des jours et l'indifférenciation du passé par l'inscription régulière du temps, Robinson restitue le monde à l'humanité. Perdre le compte des jours revient à perdre la distinction chronologique de la mémoire, et enfin à perdre la mémoire et sa *propre* humanité. Il y a en effet une équivoque très révélatrice dans le terme d'humanité, qui désigne à la fois la réalité des autres hommes, et la qualité d'homme en moi. En apparence, observer le repos dominical est absurde sur une île déserte. Mais Robinson, lorsqu'il est l'auteur de toutes ces institutions, ne cesse de produire autour de lui et en lui la présence de l'humanité, de peur de perdre sa propre humanité si celle-là venait à lui manquer.

Il m'arrive d'être seul, mais la solitude est une figuration très inadéquate du solipsisme. Quand Pierre n'est pas empiriquement présent, face à moi, il vient de me quitter ou il va revenir : il est visé dans mes regrets et mes attentes, ou même dans le soulagement d'être délivré de son importunité. Du point de vue de la *perception*, il est absent ; mais il est pourtant le corrélat actuel de mes pensées ou de mes sentiments. Cependant, s'il ne s'agit plus de Pierre ou de Paul, et donc d'un individu singulier, la solitude n'est pas tant l'absence que l'anonymat d'autrui. Car elle me donne autrui comme délivré de son individualité déterminée : ainsi, dans l'objet culturel, je n'éprouve pas la présence de tel ou tel homme en particulier, mais de toute une tradition humaine. Sans rien connaître de l'histoire, des empereurs et des architectes, le petit pâtre d'Hubert Robert qui s'abrite à l'ombre des ruines est protégé du soleil par le vestige d'une indistincte humanité. La solitude est alors comme ces hauteurs d'où semblent peints certains tableaux de Brueghel, et qui dominent vallées ou villages : de là-haut, on voit s'affairer de multiples personnages trop petits pour qu'on puisse les reconnaître individuellement et discerner leurs traits, mais on entend d'autant mieux monter la grande rumeur de l'humanité.

S'agissant de Pierre, l'alternative est simple : ou bien il est présent à ma perception, et je le vois devant moi, ou bien il est absent du lieu où je suis, je ne le vois pas, bien qu'il puisse être présent à ma pensée. Dans le cas d'autrui comme tel (et non comme Pierre ou Paul) les choses sont plus complexes. En effet, autrui ne peut être absent à la manière de Pierre, en sortant simplement du champ de ma perception actuelle. Dans cette chambre où je m'enferme seul pour lire, la lecture même est une présence évidente et actuelle d'autrui, bien que, comme individu, l'auteur soit absent — hors du champ de ma perception actuelle.

La difficulté est la suivante : le monde est toujours présent en toute perception (bien qu'il n'y soit jamais donné comme une chose, puisque ce sont au contraire les choses qui ne me sont données que comme choses *du* monde). Où que je sois, que j'aperçoive un rocher, un nuage ou une étoile, c'est toujours sur le monde que j'ouvre les yeux : il n'est donc jamais absent. La perception de la chose est alors vécue comme présence du monde et comme ma présence dans le monde. Or, dans cette barque tirée sur le sable, j'éprouverai à la fois la présence du monde, et, puisqu'elle est « objet culturel », la présence d'autrui (du monde humain). Mais parce qu'il y a des déserts sans la moindre trace de l'homme, parce que l'homme lui-même (et donc autrui) est aussi dans le monde, j'incline naturellement à tenir autrui pour une réalité qui peut être absente à la manière de Pierre ou de Paul, ou d'une chose quelconque, et donc qui n'aurait de présence effective que dans la perception.

La pensée qui tente de comprendre la présence d'autrui aboutit donc à cette inévitable oscillation. Tantôt il lui semble que la présence d'autrui est analogue voire égale à la présence du monde : autrui est donné dans Pierre que je vois, mais aussi dans ce livre et ce champ labouré ; autrui est alors comme un monde *humain*, une présence qui déborde et qui fonde la réalité de tout ce qui peut être donné en elle. Tantôt elle considère tout ce qui dans le monde paraît limiter et restreindre la présence de l'homme : le désert, certes, mais aussi la mortalité des individus et des civilisations, ou encore la tardive apparition de l'homme sur notre planète, et la place infime que celle-ci occupe dans l'univers : il semble alors que la science et la perception se conjuguent pour nier qu'autrui puisse « faire monde » et avoir autre chose qu'une présence empirique *dans* le monde. Pour le reste, c'est-à-dire pour le monde humain et la présence d'autrui en l'absence de tout individu singulier, autrui ne serait plus que le corrélat indéterminé de certains actes ou de certaines pensées, et le monde humain ne serait qu'une somme d'individus, d'objets ou d'activités, bref l'ensemble des réalités anthropologiques. Il aurait alors valeur de résumé ou de classement, mais plus aucune signification métaphysique ou transcendantale.

II – Du cogito à autrui : autrui comme autre moi

Même si la présence d'autrui ne saurait se réduire à celle de tel ou tel individu déterminé, il reste cependant qu'autrui doit pouvoir m'être donné dans une perception actuelle. Or, si évident et indubitable que me soit alors l'être d'autrui, c'est la *nature* de cette évidence qui ne cesse de faire problème. En effet, il ne s'agit pas de prouver qu'autrui existe, ni même d'inférer son existence à partir de manifestations objectives, comme si autrui était un être en quelque manière imperceptible en soi dont je verrais des indices dans le monde sensible, il s'agit de comprendre *comment* je puis percevoir autrui *comme tel*. L'analyse d'une évidence l'emporte sur la recherche de la preuve.

Chez Descartes, le doute ne porte pas sur autrui précisément, mais sur le *monde* lui-même, de mon propre corps à la terre et au cieux, et même sur les vérités mathématiques qui sont comme l'essence des choses matérielles : tout ce qui n'est pas moi, ou pensée en moi sera tenu pour faux ou inexistant. Or autrui est assurément *dans* le monde, mais il n'y est pas comme une quelconque *chose* du monde, bien qu'il y ait son corps matériel et visible, et bien que ses paroles y soient autant de sons qui ébranlent l'air. C'est pourquoi il ne suffit pas que le cheminement des *Méditations* me restitue la certitude de l'existence des choses extérieures et matérielles pour être du même coup certain de l'être d'autrui, ou au moins pour comprendre ce que je sais quand je sais qu'il existe. Tant il est vrai que l'incertitude semble affecter non pas autrui lui-même, mais la nature du savoir que j'ai de lui.

Si l'exigence philosophique de la radicalité me fait rechercher une sphère d'évidence originaire, qui soit, selon le mot de Hegel, comme une « terre natale[1] » de la vérité, et que je la trouve dans le *cogito*, la question est alors de savoir quel rapport l'existence, et même l'évidence d'autrui entretiennent avec cette vérité. En effet, la pensée étant définie comme ce qui est « tellement en nous que nous en sommes immédiatement connaissants[2] », la vérité indubitable du *cogito* sera celle de la pure *intériorité*. Or autrui m'est assurément extérieur, puisque autrui est dans le

1. Hegel, *Phénoménologie de l'esprit*, trad. Hyppolite, Aubier, tome I, p. 146 : « Avec la conscience de soi alors nous sommes entrés dans la terre natale de la vérité ».
2. Descartes, *Réponses aux secondes objections*, éd. Alquié, Garnier, 1967, tome II, p. 586.

monde. Et par là même il est un étranger, un autre être hors de moi, dont j'ai conscience, mais sans savoir d'emblée *quelle* vérité il possède. Certes, je suis absolument certain de moi-même et de mon existence, mais si donc je ne suis certain de rien hors de moi, d'aucune chose extérieure à la sphère d'évidence propre de l'*ego*, je suis, même provisoirement, dans une position de « solipsisme », au sens où mon être est le seul qui m'apparaisse indubitablement vrai, même si toute certitude touchant l'extérieur devait m'être définitivement refusée. Or il y deux figures du solipsisme : dans la première, mon être m'apparaît comme le seul vrai, le monde étant irréel ou douteux ; dans la seconde, je suis bien certain du monde, mais il me semble alors que tout être autre que le mien propre est chose ou objet, et que je suis le seul de mon espèce ; dans le premier cas je suis seul à posséder un être vrai, c'est un solipsisme du *sum*, dans le second, il y a de l'être vrai hors de moi, mais je suis le seul à être un moi : c'est un solipsisme de l'*ego*. L'aporie du solipsisme, ce n'est pas l'impossibilité de le dépasser sous sa première figure, c'est que toute tentative de dépassement semble toujours le retrouver sous la seconde : comme si l'on arrivait toujours à une nature matérielle et objective, comme si l'être hors de *moi* prenait nécessairement la forme d'un être déployé comme nature, et donc de l'être hors de *soi* de la matière : les *partes extra partes*[1]. Ne pourrait être hors de moi qu'un non-moi, un être ayant une nature opposée à celle du moi. La reconquête de l'extériorité par le *cogito* se ferait alors sous la seule forme de l'acquisition d'une certitude touchant la nature et l'existence des choses matérielles. En d'autres termes, la réfutation de l'idéalisme[2] s'effectuerait toujours sous la forme d'une matérialisation du monde au profit de la seule nature matérielle, et donc d'une occultation du monde des hommes.

La chose matérielle est hors de moi comme *non-moi*, autrui est hors de moi comme *autre moi*. Il y a donc une différence radicale entre l'altérité d'autrui et l'altérité de la matière : pour échapper au solipsisme, il faut que je pose et que je préserve cette *originalité* de l'altérité d'autrui. Mais autrui n'est un *autre* moi que comme moi posé dans l'*extériorité*. Or précisément, cette extériorité n'est-elle pas initialement et essentiellement celle de l'objet matériel et donc du non-moi ? D'où la question de savoir comment l'altérité

1. Des parties en dehors d'autres parties : une des définitions classiques de la matière.

2. Pris au sens où Kant l'entend dans la section intitulée « Réfutation de l'idéalisme » dans la *Critique de la raison pure* (B 274), *Œuvres complètes*, tome I, Pléiade, Gallimard, 1980 : « L'idéalisme (j'entends l'idéalisme matériel) est la théorie qui déclare l'existence des objets dans l'espace hors de nous ou simplement douteuse et indémontrable, ou fausse et impossible ». Il y a évidemment, et même chez Kant, d'autres sens de l'idéalisme.

de l'*alter ego* est liée à l'altérité, à l'étrangeté de la chose matérielle dans le monde. S'il n'y avait pas de non-moi comme matière, s'il n'y avait pas d'être étranger à la nature du moi, y aurait-il encore une altérité de l'*alter ego* ? Sans la pluralité des corps, elle-même liée à l'existence d'une matière, y aurait-il une pluralité des corps vivants, et donc une pluralité des autres hommes ? Serait-ce donc la matière qui conditionne l'altérité d'autrui, bien que l'altérité d'autrui ne soit pas une altérité matérielle, puisqu'autrui est un autre être pensant ?

C'est toujours dans le monde que je découvre et que je perçois autrui : il est là, devant moi, avec son corps qui occupe une position déterminée parmi les autres choses matérielles. Quand je réfléchis sur cette perception, il me semble toujours que c'est ce corps, et donc cette chose soumise à la loi de l'extériorité matérielle, qui constitue la présence d'autrui. Mais précisément ce corps est présence d'autrui, et donc d'un *alter ego*. Certes, il a des caractères qui le distinguent des autres corps : la forme, la mobilité, les sons qu'il émet. Mais tout ceci est encore matériel et sensible. D'où la première forme de la difficulté : qu'est-ce qui me permet d'attribuer à des choses dans le monde, qui n'y sont perceptibles que comme choses matérielles, une propriété qui n'est pas tant supplémentaire que paradoxale et même contradictoire, celle d'être des *ego* ? Comment puis-je attribuer une intériorité à un être visible qui comme tel, n'est qu'extériorité ? C'est l'aporie de l'automate, de la marionnette ou du robot : en apparence, rien de ce que je vois, et qui est matière ou mouvement, ne saurait justifier que j'attribue à une chose extérieure plus qu'une simple complication mécanique. On aboutit à la seconde figure du solipsisme, dont il existe même une version atténuée : même si j'admet qu'autrui est, en son for intérieur, un être qui se dit *je* à lui-même, j'affirme que, *pour moi*, autrui n'est toujours qu'une chose, un objet ou un phénomène. La saisie d'autrui dans le monde reposerait toujours sur un pari, sur un dépassement aventureux de mon savoir actuel qui porte exclusivement sur des choses et sur la nature matérielle.

Cependant, quand je réfléchis non plus à la perception d'autrui, mais à autrui comme tel, ma pensée découvre au contraire que l'altérité d'autrui est toujours en quelque sorte antérieure à celle des choses du monde, antérieure à l'extériorité du monde. Cela est vrai *historiquement* : pour l'enfant, la première altérité est celle de ses parents, et non celle du monde ; pour l'humanité elle-même, la tendance initiale et spontanée de la pensée est le fétichisme, qui consiste, selon Comte, « à supposer les corps extérieurs, même les plus inertes, animés de passions et de volontés plus ou moins analogues aux impressions personnelles du spectateur[1] ». Que signifie donc le fétichisme, sinon que l'altérité et l'extériorité des choses du monde ne peuvent être originellement saisies que comme celles d'une infinie multitude d'*alter ego*, ou d'analogues de l'*ego* ? Mais, d'un point de vue *spéculatif* ou *transcendantal*, la pensée tend également à faire de l'altérité d'autrui comme le modèle et l'origine de toute autre altérité, et donc de celle des choses. Comme le dit Husserl : « le premier étranger en soi, le premier non-moi, c'est l'autre moi[2] », et donc l'*alter ego*. L'altérité et l'étrangeté des choses sont donc dérivées.

Mais on trouvait déjà une pensée analogue dans la métaphysique cartésienne. Le *premier* être vrai hors de moi que découvre le *cogito* n'est pas celui de la substance matérielle et du monde, mais celui de Dieu. Dieu est donc le premier non-moi, le premier étranger. Or, bien qu'il soit infini, il est, comme moi, de nature pensante. La première altérité est celle de la nature pensante comme infinie. De plus, comme cette infinité était déjà impliquée dans la démarche du *cogito* lui-même (puisque la finitude saisie dans le doute ne se peut concevoir que par une affirmation d'infini), on voit que l'altérité de Dieu est en ce sens tout aussi primordiale que l'évidence originaire du *cogito*. L'altérité du monde et des choses matérielles sera donc à la fois seconde selon l'ordre, et subordonnée quant à l'être, puisque Dieu est pensé comme le créateur de l'essence et de l'existence des choses matérielles. Leibniz radicalise cette intuition : chaque monade, qui est intériorité, n'est en rapport réel qu'avec une seule altérité, celle de Dieu. Et c'est de l'altérité et de la différence (purement interne) des monades créées par Dieu et liées par l'harmonie préétablie que dérive, dans la représentation ou le phénomène, l'extériorité des choses du monde et de la nature matérielle en général. La chose matérielle n'est alors hors de moi que dans ma représentation. L'unique altérité fondamentale est celle des intériorités substantielles, les monades ; et encore chaque monade n'a-t-elle de rapport véritablement réel qu'avec Dieu. On a donc trois degrés de cette altérité : d'abord Dieu, ensuite les autres monades créées par Dieu, et qui sont, comme moi, des intériorités, et enfin l'extériorité spatiale du monde sensible, qui est bien la même pour toutes les monades, mais qui n'est

1. Auguste Comte, *Cours de philosophie positive*, Hermann, 1975, Leçon 52, p. 246.

2. Husserl, *Méditations cartésiennes*, P.U.F., 1995, §49, p. 157. Et Husserl poursuit : « cela rend possibles [...] un nouveau domaine infini d'étranger, une nature objective et un monde objectif en général ».

jamais qu'en chacune d'elles et en sa perception, et qui ne pouvait se déployer que comme conséquence de l'extériorité métaphysique des monades et de l'harmonie préétablie par Dieu[1].

Il semble donc que, confrontée à l'altérité d'autrui, ce soit celle des choses que nous découvrions comme moins réelle et comme subordonnée. La perspective dès lors se transforme : nous ne nous demandons plus seulement s'il se peut qu'il y ait dans un même monde matériel plusieurs intériorités, plusieurs *ego*, nous ne faisons plus de l'unité d'un monde matériel la condition de la présence en lui de plusieurs esprits ; c'est à l'inverse cette pluralité des esprits, cette intersubjectivité qui devient comme la condition de l'unité et de la consistance du monde matériel lui-même[2].

III – Le corps, le signe, l'expression

Mais moi-même et autrui ne sommes pas seulement des esprits, nous ne contenons pas chacun un monde qui deviendrait objectif par l'harmonie des monades : nous nous apparaissons réciproquement l'un à l'autre *dans* le monde. Autrui ne m'est pas seulement accessible par une réflexion sur l'intersubjectivité et la constitution du monde : la découverte de cette intersubjectivité ne me donne pas autrui comme tel, elle me permet seulement de penser que l'altérité d'autrui n'est pas seconde, dérivée, subalterne dans l'altérité du monde. Il reste à savoir comment autrui doit m'être donné dans le monde pour que cette présence effective ne démente pas le caractère originaire de son altérité.

Autrui est comme moi homme dans le monde, avec ce corps que je vois. Je ne suis pas pur esprit moi-même, je me sais aussi comme homme, j'expérimente en moi non seulement la réalité de la nature pensante et sa vérité originaire, mais aussi l'union cartésienne de l'âme et du corps. Mon âme est unie à tout le corps et je possède ainsi une extériorité intérieure qui est comme une extension attribuée à l'âme[3]. Je sais qu'à mes volontés et mes émotions, qui appartiennent à l'âme, correspondent des mouvements

---

1. Husserl reprend à Leibniz le terme de monade, pour illustrer le caractère dérivé de l'altérité des choses matérielles par rapport à l'altérité des monades, des *ego*, dont la communauté constitue précisément le monde. Il reste que pour Husserl, les monades n'ont pas, comme chez Leibniz, un sens métaphysique.

2. « La constitution du monde objectif implique essentiellement une harmonie des monades » (*Méditations cartésiennes*, P.U.F., 1995, §49, p. 156).

3. « Je supplie [Votre Altesse] de vouloir librement attribuer cette matière et cette extension à l'âme ; car cela n'est autre chose que la concevoir unie au corps » (Descartes, *Lettre à Elisabeth* du 28 Juin 1643, éd. Alquié, 1973, tome III, p. 43).

des parties de mon corps, ou même de tout mon corps dans l'espace du monde. Je vois directement des parties de mon corps, mes membres par exemple, et mon corps entier, bien que sous une de ses faces, dans un miroir. Et ces yeux qui me servent à voir, je les aperçois dans ce miroir ; de même que je suis comme en observation derrière mes yeux, je me projette moi-même comme esprit derrière ces yeux miens que je vois dans le miroir. Il me suffit alors d'inverser le processus, d'instituer comme un effet de miroir sans miroir pour me représenter autrui non pas de ce côté, mais comme de l'autre côté de ce corps qui m'apparaît mobile dans l'espace quand autrui s'approche, de l'autre côté de ces yeux qui me dévisagent, de l'autre côté de cette rougeur qui trahit sa honte et de cette pâleur qui accompagne sa colère. De l'*ego* au mouvement senti de mon corps, du mouvement senti de mon corps à ce mouvement vu comme du dehors, et du mouvement vu du dehors d'un corps semblable au mien à une intériorité et à un esprit : il y a passage de l'invisible au visible (en moi), et, en miroir, du visible (d'autrui) à l'invisible d'autrui comme *alter ego*. Mais, quand je saisis autrui, je ne me contente pas simplement d'ajouter à certains corps matériel la propriété d'être vivants, et d'ajouter à certains organismes la propriété d'être les corps d'autres esprits. La conscience d'autrui n'est pas davantage un tri opéré parmi les choses matérielles qu'un échafaudage de propriétés supplémentaires. Autrui m'est donné en personne dans son extériorité.

Ainsi, les phénomènes matériels (rougeur, froncement de sourcils) que je vois sur le visage d'autrui sont autant de réalités que je ne me contente pas d'interpréter comme les indices présents d'une colère ou d'une émotion absente, mais que je vis comme la présence même de cette colère et de cette passion. Ce n'est que secondairement et réflexivement que j'en arrive à distinguer l'élément matériel et le moment purement spirituel de ce que je perçois.

Il en va de même pour le langage : quand je m'adresse à autrui, mes mots suivent ma pensée, et je saisis les mots que m'adresse autrui en retour comme la présence vivante d'une pensée qu'il exprime.

La rougeur comme les mots sont des *signes*. En leur réalité matérielle et sensible, les signes sont là pour autre chose, qui est matériellement absente. Ma conscience vit donc la présence sensible des signes comme la présence même de leur signification. Elle est ce qui immédiatise la signification dans le signe. Autrui est là, présent, dans le même monde où je suis, et son existence, sa réalité n'ont aucunement à être conclues, inférées ; mais il n'est présent que parce que j'ai la capacité de vivre l'extériorité comme la présence réelle de l'intériorité, le corps comme l'être-là de l'esprit, le signe comme l'évidence de sa signification. Cependant, la rougeur pourrait n'être qu'un simple effet, de la chaleur par exemple, et ne signifier ni émotion ni honte. De même, les mots que j'entends pourraient n'être que des sons émis par un perroquet ou un automate. Avant donc que je puisse vivre la présence des signes comme celle de leur signification, il faut donc que j'aie préalablement constitué et reconnu une donnée sensible quelconque comme signe : il faut que j'aie nié l'indépendance de son être propre, que j'ai aboli sa présence naturelle et immédiate au profit de la présence de sa signification. Mais cette altérité qui vient confisquer pour elle-même la présence du sensible ne peut être que celle d'autrui. Autrui m'est donc originairement présent dans le monde comme cette négativité qui déborde et se subordonne toute autre présence, et en particulier la présence sensible elle-même[1].

1. On objectera que la rougeur n'est pas comme un mot, par lequel autrui voudrait me dire quelque chose, et qu'elle résulte de façon incontrôlable du retentissement involontaire des émotions dans le corps : la rougeur ne serait qu'un effet. Mais précisément, la conscience que j'aie de la rougeur d'autrui comme honte, ou comme colère montre que l'intériorité d'autrui ne cesse de mordre sur son extériorité, l'ordre de la signification sur celui de la causalité. Ce dont témoigne l'incapacité du jaloux ou du soupçonneux à admettre que, chez autrui, il y ait quelque chose qui ne veuille rien dire.

Distance et irréductibilité

I – Le secret d'autrui

L'*alter ego* est un *ego* comme moi : il doit donc se savoir comme je me sais moi-même. Mais, parce qu'il est autre, je ne puis le connaître comme il se saisit lui-même, dans l'évidence absolue de son *cogito*. Ma conscience est conscience de l'être d'autrui, mais je n'ai jamais conscience en moi de la conscience qu'autrui a de lui-même : l'évidence originaire de l'*alter ego* m'est à jamais inaccessible. Et c'est bien cette inaccessibilité qui me fait tomber dans l'extrême inverse : puisqu'autrui ne peut m'être donné à moi comme il est donné à lui-même, puisque de plus autrui ne peut m'être donné comme une chose, j'en viens à considérer qu'il n'a d'être que présomptif, et je fais mienne la version atténuée du second solipsisme. La difficulté est d'admettre qu'autrui me soit donné *comme tel*, en son être et avec évidence, alors qu'il m'est inaccessible en tant qu'il est donné à lui-même. Et cependant, l'être de l'*ego* consiste précisément dans ce savoir qu'il a de soi. Je puis donc avoir conscience d'une autre conscience de soi, sans faire passer en ma conscience l'être pour soi de cette autre conscience de soi, sans la connaître « de l'intérieur », bien que l'être de cette conscience soit précisément l'intériorité.

Autrui m'est donc véritablement donné comme tel, comme pensant. Mais son extériorité, son altérité, se retrouvent dans la distance et l'irréductibilité qui le constituent en *secret*. Puisque la pensée est ce qui est le plus intérieur, j'ai beau savoir qu'autrui pense comme je pense, j'ai beau avoir conscience d'autrui comme pensant, cela ne me donne pas pour autant le contenu de sa pensée. Quand bien même il voudrait me la dévoiler tout entière, n'avoir plus aucun secret pour moi, sa pensée sera toujours *pour moi* autrement qu'elle n'est *pour lui.* Son intériorité sera toujours de l'autre côté du langage, de la confession, de l'aveu. Il ne s'agit pas tant d'une inaptitude du langage à exprimer la pensée sans la trahir, mais du fait que si transparent que je puisse imaginer le langage, si sincère que soit la parole d'autrui, c'est toujours indirectement que je saisis sa pensée. La pensée d'autrui ne se donne jamais à moi immédiatement[1]. En ce sens, ce n'est pas seulement le mensonge, mais la seule *possibilité* du mensonge qui constitue mon rapport à autrui, même quand je suis certain qu'il ne me ment pas. Or si mentir, c'est dire le contraire de ce que l'on pense ou croit vrai, la possibilité du mensonge consiste en ce que je ne puis jamais confronter le langage et l'expression d'autrui à sa véritable pensée, à ce qu'il a dans l'esprit. Son langage sera toujours pour moi comme l'image dans laquelle je vis la présence de la pensée qui en est l'original ; mais cet original est toujours tenu à distance, car je ne puis jamais le faire passer en *ma* conscience pour l'y comparer à son image pour juger de la fidélité de celle-ci. Ainsi, quand autrui me dit : « je t'aime », à supposer même qu'il ne mente pas, il peut s'interroger à part lui sur la profondeur et la sincérité de l'amour qu'il déclare ; je le puis également. Cependant, nos deux incertitudes sont à jamais incomparables : car autrui pourra toujours chercher en lui-même des preuves de sa passion, pour rapporter ce qu'il déclare à ce qu'il éprouve, tandis que je dois toujours m'en tenir aux marques qu'il me donne et aux discours qu'il me tient.

Le propre de la jalousie est de ne jamais se contenter de ce qui est dit, des aveux, de ce qui est expliqué, de toujours soupçonner autre chose, une vérité que toute manifestation servirait non pas à extérioriser, mais à occulter. Le jaloux tente toujours en vain d'aller au-delà de ce qui lui est offert, pour accéder à ce qui lui serait caché. Tout devient signe, tout exige d'être interprété, mais il ne veut pas tant parvenir à un sens accessible qu'à un *autre* sens que ce sens premier a pour fonction de masquer et d'enfouir. Demander : « qu'est-ce que cela veut dire » revient toujours à demander : « qu'est-ce que cela cache ? ». Pour le jaloux, la vérité n'est pas donc dans la manifestation d'autrui, mais dans les failles de cette manifestation, non dans le discours d'autrui, mais dans son hésitation, son bredouillement, ses contradictions. Mais, plus radicalement, la jalousie n'a pas besoin de motifs déterminés ou concrets. Elle se fonde sur ce mode indirect de la donation de la pensée d'autrui, sur ce scandale de l'identité apparente d'un être dont les sentiments et les pensées pourraient avoir changé du tout au tout sans que je m'en aperçoive : sous le même visage lisse, derrière le même regard innocent, en dépit des mêmes discours, il se peut toujours qu'autrui soit

1. « Ce n'est pas l'autre moi lui-même, ni ses vécus et ses apparitions eux-mêmes, ni rien de ce qui appartient à son essence propre elle-même, qui sont donnés originaires. Si c'était le cas, si ce qui était spécifiquement essentiel à l'autre était directement accessible, ce serait un simple moment de mon essence propre et, finalement, lui et moi ne ferions qu'un » (Husserl, *Méditations cartésiennes*, P.U.F., 1995, §50, pp. 157-158).

devenu un autre que lui-même. Si le jaloux pense : « elle ne m'aime plus », et en cherche les preuves, c'est qu'il a d'abord pris conscience du fait qu'elle pourrait ne plus l'aimer sans qu'il s'en aperçût. De même, autrui a beau être cet être familier que l'habitude a depuis longtemps façonné, je pressens que je puis voir surgir un être nouveau que je ne connaissais pas, plus encore, qu'autrui est *déjà* en lui-même un être qui m'échappe infiniment. La jalousie consiste alors à guetter en autrui la marque de l'inaccessible, à vouloir saisir les signes de l'insaisissable : « dans les yeux d'Albertine, dans la brusque inflammation de son teint, je sentais comme un éclair de chaleur passer furtivement dans des régions plus inaccessibles pour moi que le ciel, et où évoluaient les souvenirs, à moi inconnus, d'Albertine [...]. Alors, sous ce visage rosissant, je sentais se réserver comme un gouffre l'inexhaustible espace des soirs où je n'avais pas connu Albertine. Je pouvais bien prendre Albertine sur mes genoux, tenir sa tête dans mes mains [...] je sentais que je touchais l'enveloppe close d'un être qui par l'intérieur accédait à l'infini[1] ». Même quand la dissimulation d'autrui, ou ma confiance, ou encore mon habitude lui ont composé ce personnage complet, cohérent, plein, il arrive que parmi tous les signes qui confirment ce personnage apparaissent des signes de fuite : non pas tant les signes d'autre chose que les signes de l'altérité, de l'infinie puissance d'échapper qui est en autrui.

La jalousie se fonde alors paradoxalement sur la réalité de ce qui, chez Descartes, me découvrait autrui comme tel : l'universalité et l'infinité d'un être qui déborde toujours tout ce en quoi je voudrais le saisir et le fixer.

II – Le secret trahi

Nous venons de voir qu'en dehors même de toute intention de dissimuler et de mentir, autrui était pour moi constitué comme secret. Autrui est son propre secret. Autrui est même le paradigme de tout secret, puisque, comme nous le rappelle Descartes, la nature, même si elle

1. Proust, *La Prisonnière*, *A la recherche du temps perdu*, éd. Tadié, Pléiade, Gallimard, 1988, tome III, p. 386. Voir également Nicolas Grimaldi, *La Jalousie* (Actes Sud, 1993) en particulier pp. 39-48. C'est en ceci également que le corps d'autrui est si apaisant pour le jaloux, à la condition qu'il parvienne à identifier, à réduire autrui à son corps : « En fermant les yeux, en perdant la conscience Albertine avait dépouillé, l'un après l'autre, ses différents caractères d'humanité qui m'avaient déçu depuis le jour où j'avais fait sa connaissance. Elle n'était plus animée que de la vie inconsciente des végétaux, des arbres, vie plus différente de la mienne, plus étrange et qui cependant m'appartenait davantage. Son moi ne s'échappait pas à tous moments, comme quand nous causions, par les issues de la pensée inavouée et du regard. Elle avait rappelé à soi tout ce qui d'elle était en dehors, elle s'était réfugiée, enclose, résumée, dans son corps. » (*La Prisonnière*, *op. cit.*, p. 578).

échappe à notre connaissance, est essentiellement *sans secret* : seule une intériorité peut être un secret. Cependant, le paradoxe est que toute subjectivité ne cesse de faire effort pour *défendre* son secret. Ce qui n'aurait pas lieu, si chacun n'avait conscience qu'il ne cesse de se trahir, par le discours aussi bien que par le corps. J'ai beau vouloir le retenir, le secret que je tiens à celer fuit de toute part, je suis exposé et dévoilé aux yeux d'autrui. La moindre rougeur trahit ma gêne ou ma passion, tandis que la pâleur dévoile ma colère. Chacun est comme un sémaphore qui émet un nombre indéfini de messages, et seules l'inadvertance et l'ignorance des autres semblent lui éviter d'être déployé publiquement et éventé.

« Tous les assistants étaient des personnages vraiment expressifs : il ne fallait qu'avoir des yeux, sans aucune connaissance de la cour, pour distinguer les intérêts peints sur les visages[1] ». Il suffit donc qu'autrui soit observateur pour lire en moi comme en un livre ouvert, et de même je n'ai qu'à être attentif pour mettre à jour ses pensées les plus secrètes. Autrui peut même me connaître mieux que je ne me connais moi-même, tels ces valets et ces soubrettes de Marivaux qui devinent les véritables sentiments de leurs maîtres avant qu'ils ne s'en rendent compte eux-mêmes.

Ainsi saisissons-nous en autrui *à la fois* les signes de son inaccessibilité et les signes des pensées déterminées qu'il veut cacher, et qui sont comme un cryptogramme offert au regard : autrui est à la fois cet être de fuite, irréductible à toute apparition, et cet être que je ne cesse de capturer en chacune de ses apparitions, pour peu que je sache les déchiffrer. D'ailleurs, ce qu'autrui *veut* me cacher, ce n'est pas sa propre infinité, c'est, à nouveau, un autre personnage, différent de celui qu'il est pour moi : l'ambitieux cache son ambition, le snob son snobisme. Et c'est bien parce qu'il s'agit d'un personnage qu'il est si aisé à découvrir, et, quand on l'a découvert, une

---

1. Saint-Simon avoue : « Je ne laissai pas [...] de percer de mes regards clandestins chaque visage, chaque maintien, chaque mouvement, d'y délecter ma curiosité, d'y nourrir les idées que je m'étais formées de chaque personnage [...] et de tirer de justes conjectures de la vérité de ces premiers élans dont on est si rarement maître » (*Mémoires*, III, Pléiade, 1950, p. 815). Et plus loin (pp. 819-820) : « Là, dans la chambre, et par tout l'appartement, on lisait apertement sur les visages. [...] Ceux qui déjà regardaient cet événement comme favorable avaient beau pousser la gravité jusqu'au maintien chagrin et austère ; le tout n'était qu'un voile clair, qui n'empêchait pas de bons yeux de remarquer et de distinguer tous leurs traits. Ceux-ci se tenaient aussi tenaces en place que les plus touchés, en garde contre l'opinion, contre la curiosité, contre leur satisfaction, contre leurs mouvements ; mais leurs yeux suppléaient au peu d'agitation de leurs corps ; des changements de posture, comme des gens peu assis ou mal debout ; un certain soin de s'éviter les uns les autres, même de se rencontrer des yeux ; les accidents momentanés qui arrivaient de ces rencontres ; un je ne sais quoi de plus libre en toute la personne, à travers le soin de se tenir et de se composer ; un vif, une sorte d'étincelant autour d'eux, les distinguait malgré qu'il en eussent ».

fois la surprise ou l'indignation passées, si banal. En ce sens, ce que ne comprennent pas le jaloux ou le soupçonneux, c'est qu'il y a une infinie disproportion entre l'échappée infinie d'autrui et ce qu'il me cache effectivement. Le gouffre que Proust croit deviner sous les joues d'Albertine ne dissimule sans doute que d'autres rendez-vous, d'autres soirées, d'autres dîners et probablement d'autres mensonges : en un mot, une petite vie, dans laquelle il n'y a pas plus que dans celle qu'elle lui offre. Mais si le secret d'autrui est insupportable au jaloux, c'est parce qu'il n'est pas un contenu, une somme de pensées ou de comportements, mais la forme même de l'inaccessible.

III – Le regard, le personnage et l'imprévisible liberté

Dans la relation à autrui, s'instaure donc une dialectique entre le personnage (ce qu'est autrui, ce qui le caractérise, ou, en d'autres termes, son caractère empirique) et l'infinité (la puissance infinie d'être autre, de n'être pas arrêté par les contours du personnage). Or le regard que je porte sur autrui, celui qu'autrui porte sur moi tendent toujours à composer ce personnage, à imposer sa loi à l'action, et ses limites au devenir. Rastignac est ambitieux : ce caractère le rend prévisible, il agira donc toujours en ambitieux. Or à quoi reconnaît-on l'ambition de Rastignac, sinon à un nombre *fini* de ses apparitions ? La moindre humeur de rencontre, la moindre virtualité en moi, devient, dès lors qu'autrui la remarque, comme une disposition permanente et un caractère. Le regard qu'autrui porte sur moi est alors un regard « réificateur » : il change des effets en une intention, le momentané en permanent, l'accidentel en essentiel, la complexité des mobiles et des motifs en une simple qualification (Rastignac *est* ambitieux). Composant toujours une image à partir de traits fragmentaires et d'une suite d'instantanés, autrui m'identifie à un personnage dans lequel j'hésite d'abord à me reconnaître, mais qui finit par peser sur moi comme une nécessité : je ne peux plus me persuader que je puis être autre chose que ce qu'autrui voit en moi. Il semble alors que je n'ai plus le choix qu'entre deux possibilités également absurdes : me conformer à l'image qu'autrui se fait de moi, prendre le personnage qu'il a composé comme un destin et autrui comme un prophète, ou au contraire m'ingénier à y échapper, c'est-à-dire ne plus agir que pour surprendre et déjouer toute prévision, quitte à faire n'importe quoi : dans les deux cas, je cesse d'improviser mon existence, et le personnage qu'a composé autrui devient ma seule référence, que je m'y conforme ou que je tente de m'en évader.

Parce qu'autrui ne cesse de sédimenter en caractère ce que lui montrent tous ses regards, le regard d'autrui est une perpétuelle confiscation de l'avenir au profit du passé, c'est-à-dire au profit de ce caractère auquel il s'assimile. Le jour où il s'engage sur le chemin de Damas, c'est pour tout l'avenir que Paul de Tarse est le persécuteur des Chrétiens, le soir où il rentre dans Digne, c'est pour toujours que Jean Valjean est le scélérat et le vaurien qui ne sort du bagne que pour y retourner. Le propre du regard d'autrui, dans la mesure où il me fait caractère empirique, et donc chose, est de nier mon imprévisibilité, et par conséquent la liberté, que ce soit la mienne ou celle de Dieu. Et pourtant Paul arrive à Damas foudroyé par la grâce, Jean Valjean quitte Mgr Bienvenue transfiguré. Hors de toute signification proprement théologique, ces exemples de la conversion témoignent du caractère illimitable de la liberté : l'homme le plus mauvais (celui dont le caractère empirique connu permet de présumer le pire) doit toujours être considéré comme arrivant à un acte comme s'il sortait directement de l'état d'innocence : « l'on peut mettre tout à fait de côté ce qu'a été [sa] conduite, regarder la série des conditions écoulées comme n'étant pas arrivée, et cette action, au contraire, comme entièrement inconditionnée par rapport à l'état antérieur[1] ». Par conséquent, ma liberté est comme la puissance d'un infini démenti opposé au personnage et au caractère que m'attribue autrui comme un destin.

Cependant, c'est bien Dieu qui a aussi *vu* en Paul le chrétien possible, ou, de façon plus humaine, c'est bien Mgr. Bienvenue qui a commencé par *voir* en Jean Valjean ce qu'il n'était pas, mais pouvait être. Autrement dit, autrui a le pouvoir de nier l'indéfinie cristallisation du personnage dans lequel il m'enferme, pour me regarder comme étant au-delà de tout personnage. De même que les regards de tous les habitants de Digne pesaient sur Valjean comme l'irrévocabilité d'un avenir entièrement déductible de son passé de bagnard, de même, c'est le regard de l'évêque qui libère en lui un avenir, une possibilité dont lui-même n'avait plus conscience. Comme si, me regardant comme liberté et infinité, autrui pouvait me persuader que je suis autre que le personnage que l'on me donne, et me restituer ainsi à ma liberté[2].

---

1. Kant, *Critique de la raison pure*, A 555/B 583, éd. Alquié, Pléiade, tome I, 1980.
2. La loi morale, en soumettant à son exigence *même* le scélérat, implique également que celui-ci n'est pas condamné à accomplir à l'avenir ce qu'il a accompli dans le passé. En ce sens, avoir conscience d'être soumis à la loi morale, quelle que soit ma faiblesse, c'est déjà avoir échappé à la puissance « réificatrice » du regard d'autrui.

Parce que « les hommes se hâtent de ressembler au portrait que vous vous faites d'eux[1] », nous sommes donc en quelque sorte également responsables de l'usage qu'autrui fait de sa liberté. La confiance que j'ai en autrui l'aide à se persuader de son pouvoir, de même que la loi morale le convainc de sa liberté. Or rien n'est plus difficile que de discerner en Jean Valjean la possibilité de M. Madeleine, et en Paul de Tarse la possibilité du saint. Je ne puis même pas le faire, si je veux conserver la plus élémentaire prudence. Celle-ci m'enseigne à ne pas me confier à un traître, à ne pas m'aventurer dans la forêt avec un bandit : en un mot à agir toujours comme si la conduite future d'autrui était déjà contenue dans son passé. C'est pourquoi autrui suscite en moi une double exigence contradictoire : d'une part, sauf à être insensé et sot, je suis dans la *nécessité* d'anticiper les actions d'autrui d'après ce que je connais de son caractère empirique, et à ne jamais m'imaginer qu'autrui puisse être autre chose que ce que l'on peut raisonnablement présumer de lui : *qui a bu boira* ; d'autre part, j'ai le *devoir* de toujours me représenter en autrui sa liberté, c'est-à-dire la puissance de l'imprévisible. Au risque d'être déçu par la réalité et l'événement, et tout en ne cessant jamais de les prévoir, je dois toujours en même temps saisir autrui sous l'idée de sa liberté. Autrui est toujours à la fois Jean Valjean, le bagnard qui *peut* devenir un saint, et Thénardier, dont la « misère morale » est « irrémédiable », et qui pour finir se fait négrier[2]. C'est pourquoi il faut se garder de dire à autrui comme à soi-même : « tu ne peux pas », ou « tu ne peux plus », ou encore, pour reprendre l'image contenue dans la condamnation de Tannhäuser : « de même que ce bâton de bois mort ne peut plus reverdir », de même, tu n'as plus d'espoir d'échapper à la nécessité de ce que tu es. En effet, ce serait non pas condamner les actes passés d'autrui, mais condamner, c'est-à-dire *nier* la liberté en lui : et donc en même temps le soustraire paradoxalement à la loi du devoir et le mettre à l'abri de tout blâme.

1. Alain, « Dieux déguisés », *Propos*, Pléiade, Gallimard, 1956, p. 1010. De même, « la nature humaine se façonne aisément d'après les jugements d'autrui [...] Au fond de tous les vices, il y a sans doute quelque condamnation à laquelle on croit ». (*Ibid.*, « Père et fils », p. 199).
2. *Les Misérables,* Pléiade, Gallimard, 1951, p. 1475.

Le rapport à autrui

I – Le semblable : l'identité et la distance

Cependant, la connaissance du passé d'autrui et du caractère empirique qu'il permet d'esquisser ne suffisent pas. Même si je pense autrui comme entièrement déterminé par là, il n'est pourtant jamais équivalent à la nature matérielle : je ne prévois pas ce qu'il va faire comme je calcule à l'avance la trajectoire d'un mobile ou la position d'une comète. Même si, comme phénomènes, et en vertu du principe de la causalité, les actions d'autrui ont la même nécessité que les mouvements des choses matérielles[1], il ne s'ensuit pas que la *prévision* ait la même signification ou la même certitude dans les deux cas. Alors que la prévision des phénomènes matériels repose sur une application de lois (mathématiques) à un être qui m'est hétérogène (la matière), l'anticipation des actions d'autrui implique toujours comme une assimilation d'autrui à moi-même. Elle n'est donc possible que par la présupposition d'une communauté de sentiments et de désirs qui tient au fait qu'autrui est mon *semblable*. Les prétendues lois psychologiques ne sont que des généralités empiriques qui ne servent pas à grand chose : en réalité la prévision de l'action d'autrui s'effectue toujours par l'anticipation imaginaire de ma propre attitude en pareil cas.

Car je présume toujours spontanément qu'autrui éprouve ce que j'éprouve : il craint ce que je crains, il désire ce que je désire, il hait ce que je hais. Je lui prête mes sympathies et mes aversions. Ce qui explique bien des erreurs et bien des surprises : ambitieux, j'ai peine à imaginer qu'autrui puisse négliger un rendez-vous chez un ministre pour aller contempler un tableau ou se promener dans un jardin. La cohorte des petits arrivistes d'Athènes ne parvient pas à comprendre que Socrate passe son temps à poser des questions inutiles, au lieu d'apprendre comme eux les finesses de l'art de persuader les assemblées populaires. Elle ne comprend pas davantage qu'il puisse préférer subir l'injustice plutôt que la commettre.

---

1. « D'après son caractère empirique, ce sujet serait donc, comme phénomène, soumis à toutes les lois de la détermination suivant la liaison causale » (Kant, *Critique de la raison pure,* A 540/B 568). Et de même, un peu plus bas : « toutes les actions de l'homme dans le phénomène sont déterminées, suivant l'ordre de la nature, par son caractère empirique et par les autres causes concomitantes » (*ibid.*, A 549/B 577).

Toutefois, la différence des désirs et des tempéraments ne fait pas de chaque homme une singularité si étrangère aux autres qu'ils ne pourraient ni le prévoir ni le comprendre. Je ne suis pas avare : mais, pour me figurer et prévoir Harpagon, il me suffit de lui prêter les discours que je tiendrais si je venais à perdre ma maîtresse au lieu de ma cassette. Par conséquent, la prévision d'autrui se fonde sur la compréhension, et la compréhension ne s'établit qu'en surmontant la diversité des buts ou des objets d'aversion par une perpétuelle *métaphore*. Mais celle-ci n'est à son tour possible que si c'est seulement la diversité des objets qui cristallise sous des formes différentes des affects identiques et communs à tous les hommes. Même si je ne comprends pas qu'autrui, son désir, son amour ou sa haine, son espoir et sa crainte se soient arrêtés sur *cet* objet, qui m'est indifférent, néanmoins l'*étoffe* de ces passions est aussi la mienne, et il suffit que mon imagination substitue à l'objet d'autrui un objet qui m'est propre pour qu'elles me deviennent familières. Il est vrai que je ne comprends pas Grandet, qui au moment de son agonie ne demande que la présence de son or, et que pourtant je le comprends, comme s'il y avait un pathétique et scandaleux fonds d'identité entre cet avare qui veut caresser son or et le tableau de Rembrandt où Jacob, mourant, pose une dernière fois la main sur la tête de ses petits-enfants.

C'est sur cette communauté et cette assimilation métaphorique que repose la possibilité de la littérature. Si la tragédie et le roman parviennent à nous intéresser et à nous émouvoir, c'est, dit-on, qu'ils sont fondés sur l'*identification* du spectateur au héros : je me reconnais en lui. D'où la perpétuelle question : comment puis-je me reconnaître en Rastignac, en Raskolnikov ou en Julien Sorel ? C'est que la littérature est un déplacement d'accent : que je rencontre Rastignac ou Grandet dans la vie, je les méprise ou ils me font horreur : mais c'est que la vie m'impose de considérer la particularité de leurs objets respectifs. Au contraire, la littérature, parce qu'elle-même fait un usage métaphorique du langage, accentue le moment de l'identité et de la communauté : en employant le vocabulaire des conquêtes militaires pour exprimer la passion de Don Juan, elle nous manifeste en lui non pas le coureur de jupons, mais le *pathos* de la victoire.

Aussi la littérature me présente-t-elle en autrui autant de virtualités de moi-même. Elle m'apprend qu'autrui figure un des mes personnages et de mes destins possibles. De même, elle mène jusqu'à leur accomplissement les actes que je m'interdis : je n'ai pas, comme Raskolnikov, tué l'usurière inutile et méchante ; mais pourrais-je jurer que je n'ai jamais pensé que tel ou tel homme n'était pas digne de vivre ? La littérature est donc comme une irréelle tentation. Certes, je ne suis pas comme autrui : ainsi, à la différence de Rastignac, je ne suis pas ambitieux. Mais le propre de la littérature est de brouiller, d'atténuer cette différence. Et donc de démasquer les sonores protestations de l'indignation vertueuse : « je n'ai rien de commun avec celui-là ». A chacun de nous, elle parle comme Baudelaire : « Hypocrite lecteur, — mon semblable, — mon frère[1] ! ».

La difficulté est ici d'articuler identité et différence. Selon une anthropologie de l'identité, la matière de l'affect serait identique en tout homme : toute la différence ne tiendrait alors qu'à sa direction et aux objets sur lesquels il se fixe. Ainsi, c'est une seule et même crainte qui, comme crainte de la mort, deviendrait lâcheté, et, comme crainte du déshonneur, serait connue sous le nom de courage. Ou encore, comme le dit Platon, les plaisirs et les peines « sont les deux sources auxquelles la nature a accordé libre cours ; que l'on y puise où, quand et dans la mesure où il faut, c'est le bonheur pour la cité, l'individu, et même tout vivant[2] ». La vertu et le bonheur ne dépendent pas du plaisir et de la peine comme flux indifférencié, mais des objets et des événements à propos desquels j'éprouve plaisir et peine : en un mot, de l'*occasion* de l'affect. La vertu consiste alors à se déterminer soi-même à éprouver plaisir et peine, crainte et colère à propos des occasions et des objets *convenables*, à puiser comme il faut à une même source, à tailler comme il faut une seule et même étoffe. Mais une anthropologie de la différence, si elle accorde bien que la diversité de leurs fins et de leurs objets dissimule mal une certaine parenté, une certaine identité entre Don Juan et César, fera observer à l'inverse que deux individus qui aiment *le même objet* peuvent l'aimer de deux amours incomparables et incommensurables. Ainsi, Swann et Mme Verdurin aiment tous deux la sonate de Vinteuil, et pourtant leurs émotions respectives diffèrent de toute l'étendue du ciel. Autrement dit, la passion de Pierre, qui a le même nom et le même objet que la passion de Paul, en diffère pourtant absolument, comme l'essence de Pierre diffère de l'essence de Paul[3]. En

1. En ce sens, la psychanalyse tente de transformer en doctrine explicite le procédé essentiel de la littérature : aucun de nous n'est Œdipe, et chacun de nous est Œdipe.

2. *Lois* I, 636 d-e, Collection des Universités de France (G. Budé), Les Belles Lettres, 1951. De même, chez Freud, c'est une seule et même *libido* qui connaît plusieurs objets et plusieurs fixations.

3. « Le cheval et l'homme sans doute sont emportés par le désir de procréer ; mais le premier par un désir de cheval, le second par un désir d'homme ». Deux individus peuvent tendre au contentement et l'éprouver ; cependant « cette vie, dont chacun est satisfait, et ce contentement ne sont rien d'autre que l'idée ou l'âme de cet individu, et par conséquent le contentement de l'un diffère par nature du contentement de l'autre, autant que l'essence de l'un diffère de l'essence de l'autre [...] Ce n'est pas une

effet, ce n'est pas la différence des objets qui distingue irrévocablement les hommes, mais la différence des essences ou des styles. La conscience de la distance prévaut alors sur celle de la communauté avec autrui. Mais elle explique également qu'une communauté de *style* puisse l'emporter sur l'identité des objets et la communauté des intérêts[1].

II – Similitude et assimilation

L'anticipation des actes d'autrui, et la tentative de discerner ses pensées et ses sentiments sont fondées, nous l'avons vu, sur la communauté de nature que j'exprime en disant qu'autrui est mon semblable. Mais à cette similitude donnée, présupposée, s'ajoute bientôt une similitude acquise : à force de prêter à autrui mes sentiments et mes évaluations, à force de lui montrer que je crois spontanément qu'il aime et qu'il hait la même chose que moi, autrui me *devient* semblable, il contracte mes propres affections. Les sentiments que je manifeste tendent donc à susciter en autrui des sentiments analogues : ainsi y a-t-il par exemple une contagion de l'admiration, du mépris et du dégoût. Aussi les hommes, déjà semblables, ne cessent de devenir plus semblables encore en assimilant les affections et les évaluations qui ont cours. La communauté humaine la plus restreinte secrète ses rites, ses habitudes et même son dogme : elle devient alors une chapelle, un noyau ou un clan. Mais, dans la mesure où il est pris et assimilé dans cette société, autrui devient anonyme à force d'être semblable. Il devient alors comme l'organe d'une force impersonnelle que tous constituent ensemble, mais qui dépasse chacun en particulier. En autrui je rencontre le relais de cette force générale d'assimilation, comme autrui le rencontre en moi. C'est ce que manifeste le phénomène de la mode. Mais, plus radicalement encore, c'est ce que veut dire Alcibiade quand Socrate lui pose la question de savoir qui lui a appris à parler grec, et qu'il lui répond : « tout le monde[2] ».

III – Rivalité et méfiance

La similitude semble être la condition de toute *connaissance* d'autrui : le semblable est connu par le semblable, c'est l'application à des subjectivités,

petite distance qui sépare le contentement qui mène l'ivrogne et celui dont jouit le philosophe » (Spinoza, *Éthique*, III, 57, scolie, trad. Appuhn, Vrin, 1977).

1. Il en va de même pour les opinions : « Sauf chez quelques illettrés du peuple et du monde, pour qui la différence des genres est lettre morte, ce qui rapproche, ce n'est pas la communauté des opinions, c'est la consanguinité des esprits » (Proust, *A l'ombre des jeunes filles en fleurs*, *Recherche*, tome I, p. 427).

2. *Alcibiade*, 110e, Collection des Universités de France (G. Budé), Les Belles Lettres, 1963.

à des consciences, du vieux principe *théorique* qui valait pour toute connaissance en général. Mais dans l'ordre *pratique*, il apparaît paradoxalement que la similitude n'engendre pas la paix, l'amitié et l'harmonie. Comment comprendre que la similitude soit à ce point décevante ? D'où la protestation de la conscience blessée par le scandale d'une similitude impuissante à produire la fraternité, et qui coexiste au contraire avec l'inimitié : c'est parce qu'autrui est mon semblable qu'il est scandaleux qu'il me haïsse ou me méprise ; et je ne cesse de le renvoyer à ce qu'il a de commun avec moi pour faire ressortir ce que son attitude a d'incompréhensible, comme s'il eût été naturel et nécessaire que le savoir que je suis semblable à autrui et qu'autrui est mon semblable produisît la concorde : ne suis-je pas « nourri de la *même* nourriture, blessé par les *mêmes* armes, sujet aux *mêmes* maladies, guéri par les *mêmes* moyens, échauffé et refroidi par le *même* été et le *même* hiver[1] » ? N'est-ce pas parce qu'autrui a *oublié* qu'il était mon semblable qu'il agit en ennemi ? Le mal et l'inimitié tiendraient uniquement au fait que la dissemblance et la conscience de la dissemblance sont venues occulter la ressemblance fondamentale. Ne suffit-il pas alors de rappeler cette similitude à autrui, de m'en convaincre moi-même, pour que la paix s'établisse enfin entre nous ?

Mais la similitude n'est pas seulement décevante, incapable d'empêcher la discorde, elle semble parfois même l'engendrer. D'où un redoublement du scandale : non seulement la similitude ne me réconcilie pas avec autrui, mais c'est elle, et elle seule qui m'oppose à lui. Comme si autrui n'avait besoin que d'être mon semblable pour pouvoir devenir mon ennemi. Mais comment comprendre qu'autrui soit mon ennemi par l'effet de la ressemblance et non de la dissemblance ?

Tout d'abord, il y a de la rivalité en toute imitation, en toute assimilation. César faisait sien le désir de gloire qui animait Alexandre : mais il se désolait qu'à trente ans celui-ci eût déjà conquis une moitié du monde, alors que lui-même n'était pas encore le maître de Rome. Si j'aime la gloire comme autrui, et à son imitation, autrui devient aussitôt mon rival. C'est la similitude de nos désirs et non leur différence qui nous oppose :

---

1. Shakespeare, *Le Marchand de Venise*, acte III, scène 1, Pléiade, Gallimard, tome I, 1959. Voici la citation plus complète du monologue de Schylock : « Je suis un Juif ! Un Juif n'a-t-il pas des yeux ? Un Juif n'a-t-il pas des mains, des organes, des proportions, des sens, des affections, des passions ? N'est-il pas nourri par la même nourriture, blessé par les mêmes armes, sujets aux mêmes maladies, guéri par les mêmes moyens, échauffé et refroidi par le même été et le même hiver qu'un chrétien ? Si vous nous piquez, ne saignons-nous pas ? Si vous nous chatouillez, ne rions-nous pas ? Si vous nous empoisonnez, ne mourons-nous pas ? »

« Nous voyons ainsi que chacun a, de nature, l'appétit de voir vivre les autres selon sa propre complexion, et comme tous ont pareil appétit, on se fait obstacle l'un à l'autre, et parce que tous veulent être loués ou aimés par tous, on en vient à une haine mutuelle[1] ». Je ne puis aimer la gloire sans vouloir qu'autrui aime la gloire comme moi, et m'approuve ainsi de l'aimer : mais dès qu'il l'aimera, il voudra me prendre celle qui me revient, et deviendra aussitôt mon rival. On arrive alors à la fausse harmonie dont se moque Kant, et « à ce que l'on raconte à propos du défi lancé par le roi François Ier à l'empereur Charles-Quint : ce que mon frère Charles (Milan) veut avoir, je veux l'avoir aussi[2] ». Or cela vaut non seulement pour les similitudes acquises, pour les effets de l'imitation et l'émulation, mais pour la plus grande ressemblance naturelle possible qu'il y ait entre les désirs humains : comme autrui, je veux naturellement le bonheur, et pourtant ce désir du bonheur par lequel je suis le semblable de tout homme m'oppose virtuellement à tous[3].

Mais peut-être la rivalité ne tient-elle pas tant à la similitude des hommes et de leurs désirs qu'à la *rareté* des objets du désir ? Certes, c'est parce qu'autrui est mon semblable que lui et moi nous formons les mêmes désirs, naturels ou acquis ; mais cette similitude des désirs n'engendre pas directement la rivalité, à moins qu'il n'y ait pénurie d'objets pour les satisfaire. C'est là où l'eau est rare qu'on se hait pour une source ou pour un puits : car ce n'est pas la commune soif qui fait l'inimitié, mais la sécheresse. La rivalité est donc la conséquence d'une circonstance *extérieure*, la rareté, si bien qu'il n'y a pas, dans le rapport à autrui, de dialectique *intrinsèque* qui mènerait nécessairement du semblable au rival ou à l'ennemi.

C'est ce que tend à manifester *a contrario* l'idée que l'abondance supprime la rivalité, l'abondance naturelle représentée dans la nostalgie ou l'exotisme, ou l'abondance industrielle de la société à venir, qui, aidée d'une juste répartition, mettra fin à tout conflit entre les hommes en donnant à chacun selon ses besoins.

Cependant, l'abondance ne règle la question que quand il s'agit de désirs *généraux* : ainsi la soif qui est soif d'eau, et non de *cette* eau, ainsi la faim, qui est faim de nourriture, et non de *cet* aliment : donc des désirs dont les

---

1. *Éthique*, III, 31, scolie, trad. Appuhn, Vrin, 1977.
2. *Critique de la raison pratique*, §4, *Œuvres complètes*, tome II, Pléiade, 1985, p. 640.
3. C'est pourquoi ce désir universel du bonheur ne peut fonder aucune loi pratique universelle : « alors que d'ordinaire une loi universelle de la nature fait que tout concorde, en ce cas, si l'on voulait attribuer à la maxime la généralité d'une loi, il s'ensuivrait exactement le contraire même de l'accord, le pire des conflits » (*Critique de la raison pratique*, §4, *Œuvres complètes*, tome II, Pléiade, p. 640).

objets singuliers sont à la fois contingents et relativement interchangeables ou substituables. Les désirs dits « naturels » ne sont pas seuls en cause : ainsi, l'amateur de lecture se contentera de n'importe quel exemplaire du livre qu'il veut lire, au contraire du bibliophile qui cherchera tel exemplaire *en particulier*. L'histoire nous enseigne également que les traités comportent souvent des échanges, des compensations et des contreparties : si nous reprenons l'exemple de Kant, François Ier pourrait même céder Milan à Charles-Quint ; car s'il veut Milan seulement parce que la ville est opulente et qu'elle commande les riches plaines de Lombardie, il peut recevoir en compensation une autre ville opulente, une autre riche contrée. Deux désirs généraux qui se rencontrent parce qu'ils portent par accident sur le même objet suscitent l'opposition, mais celle-ci est à la fois contingente et surmontable, parce qu'il y a toujours d'autres objets équivalents : car je ne désire pas alors ceci comme tel, comme unique, mais en ceci je vise à chaque fois une fonction générale[1].

Il y aurait donc un double remède à la rivalité : l'abondance d'une part, et d'autre part cette sorte de sagesse cynique et désabusée, qui prétend m'apprendre qu'un objet en vaut toujours un autre, ou plus exactement qu'il y en a toujours un autre qui le vaudra. C'est ainsi que Pâris renonce aisément à Hélène, en invoquant cette maxime : « Un seul être vous manque, et tout est *repeuplé*[2] ».

Mais il en va tout autrement si le désir porte sur le singulier comme insubstituable, car il n'y a alors ni équivalent, ni contrepartie. Car la rareté absolue, c'est la singularité, et le singulier, c'est ce qu'un seul peut obtenir ou posséder : « si deux hommes désirent la même chose alors qu'il n'est pas possible qu'ils en jouissent tous les deux, ils deviennent ennemis[3] ». Mais d'où procède la singularité, non pas la singularité ontologique, mais la singularité *pour le désir* ? D'où vient par exemple que François Ier veut Milan parce que c'est Milan, et non pour tel ou tel avantage qu'il pourrait en tirer ? Or c'est le regard d'autrui posé sur un objet qui le singularise pour mon désir. Il y une *contagion* de la singularité. Ce qui était à mes yeux un

1. C'est ainsi que Bergson explique la perception : « Ce qui nous intéresse dans une situation donnée, ce que nous y devons saisir d'abord, c'est le côté par où elle peut répondre à une tendance ou à un besoin : or, le besoin va droit à la ressemblance ou à la qualité, et n'a que faire des différences individuelles. [...] C'est l'herbe en général qui attire l'herbivore » (*Matière et Mémoire*, P.U.F., 1959, pp. 176-177).
2. Giraudoux, *La Guerre de Troie n'aura pas lieu*, acte I, scène 4, Pléiade.
3. Hobbes, *Léviathan*, Sirey, 1971, chap. XIII, p. 122. De même, « si nous nous imaginons que quelqu'un tire de la joie d'une chose qu'un seul peut posséder, nous nous efforcerons de faire qu'il n'en ait plus la possession » (Spinoza, *Éthique*, III, 32, trad. Appuhn, Vrin, 1977).

objet parmi d'autres devient singulier pour moi dans la mesure où autrui le regarde et le désire comme tel. Le rapport n'est pas alors du besoin au désir, mais du désir général à la singularité du désir et à la volonté : je mets ma volonté en cette chose *à l'exclusion* de toute autre du même genre, parce que le désir et la volonté d'autrui me l'ont désignée comme singulière. Mais si François veut Milan parce que Charles-Quint la veut aussi, ils sont alors irréconciliables, puisque c'est la volonté et le désir de l'un qui suscitent le désir et la volonté de l'autre. Alors la rivalité n'est pas la conséquence de la rencontre de deux désirs antérieurement formés, elle est la source même du désir, puisqu'elle transfigure un objet à tout autre pareil en objet unique et insubstituable. Or en ce cas je ne désire pas l'objet pour ce qu'il est (pour ses propriétés, l'usage que je puis en faire ou le plaisir qu'elles me procureront) mais l'objet en tant qu'autrui a mis en lui sa volonté. Je veux ce que veut autrui, uniquement parce qu'il le veut : donc je ne veux pas tant posséder ou consommer quelque chose que l'emporter sur autrui ; la victoire n'est plus le moyen de l'acquisition, mais l'acquisition devient le signe de la victoire, et l'objet son prétexte[1].

Cependant, si c'est la volonté ou le désir d'autrui qui singularisent ainsi l'objet et en font à mes yeux quelque chose d'unique, il semble qu'autrui devait déjà le connaître et le désirer comme singulier. La question ne fait alors que se répéter : comment l'objet a-t-il pu devenir singulier pour le désir d'autrui ? Mais en vérité la singularité initiale ne s'explique pas dans une régression à l'infini (autrui ayant été déterminé par un autre et ainsi de suite), sa naissance peut se jouer seulement entre moi et autrui. Je puis en effet désirer telle chose de façon contingente, par rencontre et accident : parce ce qu'elle se trouve là au moment où j'éprouve un désir général et indéterminé ; pour moi elle est encore remplaçable. Mais autrui me voyant la désirer la désire alors comme singulière, unique et irremplaçable et, par contrecoup, à mon tour je vais la désirer comme absolument singulière : il y a donc passage de la singularité « accidentelle », circonstancielle, à la singularité « essentielle ». Autrui cristallise donc l'unité en unicité, si bien que l'un parmi d'autres devient l'un à l'exclusion de tout autre[2].

---

1. Ce qui explique que le désir s'efface au profit de la volonté : ainsi, pour que je désire quelque chose, point n'est besoin qu'autrui la désire, il suffit qu'il me l'interdise, ce qui est un acte de volonté. De même, il arrive qu'autrui me refuse quelque chose que je désire, non parce qu'il le désire aussi, mais simplement pour me le refuser. Si bien que l'on voit quelqu'un accomplir de bon cœur une action, aussitôt qu'est mort celui auquel elle aurait fait plaisir : car lui-même était la seule raison qu'on eût de la lui refuser.
2. C'est à dessein que nous n'avons pas fondé nos analyses sur l'étude de la rivalité amoureuse, qui est encore plus complexe, puisque je désire alors non pas une chose, mais une conscience, et donc un être qui

Mais, même quand il n'y a pas d'objet et de conflit des volontés, la *méfiance* (ou la défiance) transforme le semblable en ennemi, et cela seulement parce qu'il est semblable. Admettons en effet que je suis doublement semblable à autrui : par la relative égalité de force[1], et par une identique impulsion naturelle qui nous pousse à assurer notre conservation. Faisons même abstraction de toute rivalité et toute pénurie. Comment l'inimitié et le mal peuvent-ils naître entre nous, si ni autrui ni moi-même n'avons de volonté maligne ou de mauvaise intention originelle ? Il suffit que la méfiance me fasse prendre les devants : je prends l'initiative de la violence, parce que je suis persuadé que, si je ne le fais pas, c'est *lui* qui le fera. Et pourquoi le ferait-il, pourquoi suis-je certain qu'il le fera, si je ne le suppose pas plus méchant que moi ? Parce que nous sommes semblables selon une *troisième* similitude encore : selon l'imagination, la faculté d'anticiper, et de prêter à autrui ses propres pensées et sentiments. Je l'attaque, parce qu'il m'attaquera si je ne le fais pas, et il le fera parce qu'il craindra, au cas où il ne le ferait pas, que ce soit moi qui le fasse. Je ne fais pas confiance à autrui ; ce n'est pas que je croie qu'il me veuille originellement du mal ; mais je ne lui fais pas confiance pour me faire confiance. Ici, c'est la possibilité, la simple éventualité du mal qui suffit à engendrer la réalité du mal. Je prends l'*initiative* de la violence : mais l'*origine* de la violence, c'est la méfiance qui naît du rapport à autrui, de ce face à face dans lequel nous nous savons semblables. Ce n'est pas le même phénomène que la rivalité expliquée tout à l'heure : mais ici aussi, il y a bien une opposition qui naît de la conscience que j'ai d'autrui comme mon semblable, une cristallisation de l'inimitié dans et par le seul rapport à autrui.

IV – L'appétit de pouvoir et la reconnaissance

Jusqu'à maintenant, nous avons envisagé des rapports entre moi et autrui qui se fondaient sur le fait que nous étions des êtres vivants, que nous étions chacun la conscience de soi d'un individu vivant, naturel et sensible : car la rivalité nous opposait pour la possession de l'objet d'un désir, et la méfiance, pour la sûreté de notre conservation, même si nous avons

---

peut me préférer à autrui. Mais, pour le reste, on a bien le même passage du désir général à sa fixation sur l'objet singulier : « Commençons par distinguer le moral du physique dans le sentiment de l'amour. Le physique est ce *désir général* qui porte un sexe à s'unir à l'autre ; le moral est ce qui détermine ce désir et le *fixe* sur un seul objet *exclusivement* » (Rousseau, *Discours sur l'origine de l'inégalité*, Pléiade, Gallimard, *Œuvres complètes*, tome III, 1964, 1re partie, pp. 157-158).

1. « Pour ce qui est de la force corporelle, l'homme le plus faible en a assez pour tuer l'homme le plus fort » (Hobbes, *Léviathan*, Sirey, 1971, chap. XIII, p. 120).

constaté que ces rapports excédaient leur occasion : puisqu'on passait de la rivalité à propos de l'objet à la pure rivalité (capable de désigner l'objet au désir), et de la préservation de la vie à l'anticipation redoublée (j'imagine ce qu'autrui imagine de moi). Or ce que nous apprend Hegel, c'est que la conscience de soi est pour une autre conscience de soi. « La conscience de soi est *en et pour soi* en tant et par le fait qu'elle est en et pour soi pour une autre conscience de soi[1] ». Ce qui veut dire que la conscience de la satisfaction de mes désirs immédiats, ou de mon succès dans la conservation de ma vie ne suffit pas à faire de moi une *véritable* conscience de soi. Tant que je vois dans autrui un moyen (travail, ruse) ou un obstacle (rivalité, méfiance) qui sont l'un et l'autre relatifs à la vie, le moment important demeure celui de la vie. Si j'en reste là, j'ai bien une conscience de moi-même (de mon état de satisfaction, de la vie qui est mienne et que j'ai réussi à conserver), je ne suis pas la *vraie* conscience de soi. Ce que Hegel explique en précisant : la conscience de soi « n'est que comme un être *reconnu* ». Or, par essence, la reconnaissance est réciproque : les consciences de soi « se reconnaissent comme se reconnaissant réciproquement ». Je ne vois donc plus en autrui un être seulement trouvé dans le monde et semblable à moi-même en tant que vivant, je le reconnais, et je reconnais en lui l'acte même par lequel il me reconnaît. Nous avons besoin de cette reconnaissance mutuelle pour être, non seulement l'un pour l'autre, mais chacun pour soi-même, une conscience de soi.

C'est ce qui permet de comprendre l'ambiguïté de la rivalité : *en vérité*, vouloir l'emporter sur autrui, c'est vouloir être *reconnu* par autrui comme vainqueur, et cela a plus de prix que l'objet qui sert d'enjeu : mais cependant, *pour les rivaux eux-mêmes*, cette reconnaissance reste attachée à la possession ou à la jouissance d'un objet, et c'est pourquoi le vainqueur ne cesse de s'étonner en constatant qu'il n'en retire pas toute la satisfaction qui lui semblait promise alors qu'il luttait encore ; c'est aussi pourquoi, devant l'insignifiance de l'objet pris en lui-même, il aura besoin de la perpétuelle *envie* d'autrui pour s'assurer qu'il a bien obtenu quelque chose. Car si je ne désire un objet que parce qu'autrui le désire, je n'en jouis pas pour ce qu'il est, mais uniquement parce qu'autrui ne cesse de regretter sa possession. Dès que j'ai dépassé l'ordre des satisfactions vitales, naturelles, immédiates (qui seraient celles de l'homme à l'état de nature), il n'y a plus de plaisir direct pris à l'objet, mais seulement le plaisir médiat qui me vient

1. Hegel, *Phénoménologie de l'esprit*, trad. Hyppolite, Aubier, tome I, p. 154.

du fait que je vois autrui regarder avec envie un bonheur qu'il m'attribue, et qui pourtant n'existerait pas sans cette envie. Or, dans la rencontre immédiate avec autrui, comme dans la rivalité et la méfiance, de même qu'autrui m'apparaît d'abord comme un individu simplement vivant (et dont les « facultés » semblent n'être que des prolongements, voire une dépravation de la vie), de même, j'ai conscience que je ne suis d'abord, pour autrui, qu'un simple être vivant. C'est l'aporie de la reconnaissance : c'est elle qui est visée, recherchée, mais autrui et moi-même tentons de l'obtenir sans échapper entièrement à l'ordre de la naturalité. Car même la vanité et l'amour-propre, où Rousseau voit la marque de la dénaturation de l'homme, sont encore « naturels » : je tente d'étendre le registre de la satisfaction naturelle, et je recherche des satisfactions irréelles, mais toujours comme satisfactions « sensibles ». Quoi de plus irréel que les places et les honneurs, ou la faveur d'un roi ? Néanmoins, celui qui les reçoit ou les souhaite (et veut en cela l'emporter sur autrui) a encore en lui quelque chose de la gourmandise la plus élémentaire. De même, l'or de Grandet ne se mange ni ne se boit, et l'avare ne le dépense pas pour obtenir des plaisirs des sens : pourtant son avidité est encore sensible, comme le plaisir qu'il éprouve à le contempler.

C'est pourquoi la reconnaissance ne peut être cherchée comme telle en restant liée à des satisfactions sensibles même métaphoriques (comme la *soif* des richesses, des honneurs). Elle implique au contraire que moi-même et autrui puissions nier l'ordre même de la naturalité et du sensible. La reconnaissance, c'est-à-dire l'accès de la conscience de soi à sa vérité, n'est possible que si la conscience de soi se met infiniment au-dessus de la vie naturelle, et donc que si elle met sa vie en jeu pour être reconnue. Auparavant, je voulais l'emporter sur autrui dans et par la possession d'un objet dont je le privais, c'est-à-dire encore dans l'ordre de la vie sensible ; désormais, je l'emporte sur autrui par la négation : je suis prêt à renoncer à toute extériorité et à la vie même, pour occuper mieux que lui la position inexpugnable de la conscience de soi. Autrui n'a plus *rien* à m'envier, sinon cette négativité. Ce processus appelle deux remarques : d'abord il s'instaure une *nouvelle* rivalité entre deux consciences de soi où chacune tentera de prouver à l'autre qu'elle est plus détachée de tout sensible, et donc de la vie même. La lutte à *mort* est en fait une lutte pour l'emporter sur autrui en détachement par rapport à la vie. Ensuite, la reconnaissance, qui est par essence réciproque, apparaît *primitivement* sous la forme du conflit et du défi. Si j'ai accepté l'éventualité de la mort, et qu'autrui a reculé et est resté attaché à sa vie, il ne peut plus rien sur moi, et j'ai inversement pouvoir sur lui, puisqu'il reste encore exposé dans la vie et l'être sensible auxquels il tient.

Autrement dit, la reconnaissance n'est pas d'emblée mutuelle et réciproque dans l'égalité des consciences de soi. Elle s'accomplit sous une forme polémique : face à autrui, chaque conscience de soi voudrait avoir le *privilège* de la conscience de soi et de l'être reconnu, être reconnu par l'autre sans le reconnaître. C'est l'origine du *pur* rapport de pouvoir. Ce qui alors importe le plus, ce n'est pas tant la jouissance ou la possession de l'objet que le pouvoir sur d'autres consciences. Ainsi César préférait-il être le premier dans un petit village de montagne que le second à Rome : nul doute cependant qu'il n'eût joui à Rome, même comme second, de plus de plaisirs matériels et de confort que comme maître dans les alpages.

Le personnage du tyran chez Platon use de la violence et de la force pour satisfaire ses appétits et ses désirs. C'est l'homme de la boulimie et de l'avidité sensuelles, l'homme de l'*epithumia*. En ce sens le pouvoir n'est pour lui qu'un *moyen* en vue des jouissances sensibles. Mais celui qui veut le pouvoir comme tel ne cherche pas celui-ci comme moyen de satisfaire un autre désir, il se satisfait du pouvoir même, et donc la subordination d'autrui n'est pas un moyen, mais sa fin. C'est ainsi que le tyran pascalien[1] diffère du tyran platonicien, comme la *libido dominandi* est différente de la *libido fruendi*. Mais il y a une contradiction dans la pure volonté de dominer : vouloir être obéi comme par une chose et pourtant par une volonté, vouloir que l'autre volonté se nie pour se faire chose devant ma volonté. Le désir de dominer devient alors passion d'asservir et d'humilier la liberté, de nier la liberté en tout autre qu'en moi, mais surtout de faire contribuer l'autre liberté à sa propre négation[2]. Mais c'est la condition même de la reconnaissance qui disparaît ainsi : car, à vouloir posséder dans le pouvoir la conscience de soi et la liberté comme privilège, je tends à en dépouiller autrui : mais la reconnaissance d'autrui n'a plus alors aucune

---

1. « La tyrannie consiste au désir de domination, universel et hors de son ordre » (Pascal, *Pensées*, 67, éd. Lafuma, Seuil, 1963).

2. Mais le rapport de pouvoir implique souvent trois et non deux protagonistes, car il se complique de rivalité : car il y a une rivalité dans la domination, et je ne suis satisfait que si elle a un témoin, qui est mon égal, mon rival, mais mon rival vaincu : je ne cesse de lui prouver que je n'ai qu'un mot à dire pour que celui ou celle qu'il croyait sien, dont il se croyait aimé, l'abandonnera pour me suivre (cf. l'affrontement de Natassia Philippovna et d'Aglaé dans *L'Idiot*, de Dostoievski : « Et veux-tu qu'à l'instant même..., je lui donne un ordre, un ordre tu entends ? Il n'en faudra pas plus pour qu'il t'abandonne sur le champ afin de rester auprès de moi à tout jamais », Pléiade, Gallimard, 1953, p. 696).

valeur. Le malheur du pouvoir est que le maître voudrait être reconnu des ses esclaves comme si c'étaient des hommes libres[1].

V – La pitié et le respect : le prochain

Il y a plusieurs formes d'attachement à soi, et chacune détermine une figure différente du rapport à autrui. Il y a ce que Rousseau nomme amour de soi : il exprime que chacun a naturellement et en priorité la charge de sa propre existence et de sa conservation, et qu'il ne peut vivre que si l'amour de soi fait d'abord de sa propre vie un but ou une fin. C'est donc un rapport positif à soi, qui ne nie pas autrui comme tel, dans lequel autrui n'est même pas initialement posé. Comment cet amour de soi s'articule-t-il avec l'existence d'autrui ? Selon Rousseau l'amour de soi n'est pas le seul principe, il est tempéré dans ses effets par la pitié, qui me commande de faire mon bien (et donc en ce sens n'entre pas en contradiction avec l'amour de soi), mais au moindre mal d'autrui qu'il est possible. Comment agit la pitié ? Elle est répugnance innée, naturelle, à voir souffrir non seulement mon semblable, mais jusqu'à tout être sensible en général, et elle opère par une identification immédiate, irréfléchie à celui qui souffre. Par conséquent, la pitié, sous cette forme, ne se rapporte pas tant à autrui comme l'autre homme, l'*alter ego* ou mon semblable, qu'à l'être sensible en lui. Il y a même une extension interspécifique de la pitié, puisque les animaux en donnent quelques signes[2]. Cette pitié primitive est brisée par la réflexion, laquelle me fait comprendre que seule ma douleur ou mon plaisir m'intéressent *directement*. Il y a donc chez Rousseau toute une genèse de l'indifférence et de l'égoïsme acquis par la réflexion qui me font rentrer en moi-même, et donc m'isolent de l'autre auquel m'identifiait la nature. Comment donc dépasser cet égoïsme acquis, produit par l'exercice de la raison ?

Il semble qu'il y ait deux voies ; d'abord celle d'une pitié réfléchie, qui procède de mes lumières et d'une reconquête du semblable par la réflexion. En ce sens, elle donne libre cours à un ordre de la réciprocité : ne fais pas à autrui ce que tu ne voudrais pas qu'il te fît. Je sais qu'il m'est désagréable de souffrir, je connais assez autrui comme mon semblable pour savoir qu'il peut aussi souffrir, et donc je veux lui éviter ce que je veux m'éviter à moi-même, et ce que je veux qu'il m'évite. Ensuite, celle d'une extension de

1. De même, dans les *Enfants du paradis*, le riche, aimé pour son argent, voudrait être aimé comme s'il était pauvre.

2. La pitié est « une vertu d'autant plus universelle et d'autant plus utile à l'homme qu'elle précède en lui l'usage de toute réflexion, et si naturelle que les bêtes même en donnent quelquefois des signes sensibles » (Rousseau, *op. cit.*, tome III, p. 134).

l'amour de soi à autrui, qui fait que je l'aime comme moi-même, et sans qu'intervienne originairement la logique de la réciprocité. En ce sens, la pitié est dépassée, il ne s'agit plus d'un rapport négatif à la douleur, d'une économie, mais d'une extension de la positivité de l'affirmation de l'amour de soi.

Dans une morale de la pitié, autrui est pris dans un rapport de réciprocité qui se fonde sur une nature sensible commune. C'est sur cette condition sensible de la pitié que s'appuient les critiques adressées à la valeur morale de la pitié. On a tôt fait de remarquer, en effet, que la pitié comme compassion ne me fait jamais souffrir de la souffrance même d'autrui, mais d'une souffrance qui m'est propre. La souffrance d'autrui est toujours, dans l'identification la plus proche, incommensurable à la mienne. De plus, la pitié est découverte comme sentiment complexe, où l'apparence morale peut masquer des sentiments moins honorables : le lâche soulagement, la satisfaction d'être épargné.

Au contraire, si l'on ne considère pas seulement la raison comme la faculté qui m'isole, mais comme faculté universelle, elle me donne une loi qui ne suppose plus la proximité des natures sensibles dans la pitié. En effet, la loi morale, en tant que valable pour tous les être raisonnables, et reposant sur l'autonomie, m'oblige à respecter en tout autre homme le colégislateur de la loi à laquelle ma raison m'oblige. En ce sens le respect porte sur la nature raisonnable et la liberté comme autonomie, c'est-à-dire sur ce qui le constitue comme être intelligible, citoyen d'un monde suprasensible.

Mais il y a alors un paradoxe : autrui est à la fois celui qui ne se résume pas à sa nature sensible, et que je respecte comme être intelligible, en respectant en lui la raison et toute l'humanité, et pourtant, il faut qu'autrui puisse aussi être lésé et affecté dans son être sensible, pour que le respect vise un être existant et pas seulement un être pensé. Il semble qu'il y ait une sorte de dilemme : ou bien il y a présence d'autrui dans le sensible, ou bien il y a pensée d'autrui comme membre de la communauté des êtres raisonnables. La pitié immédiate s'exerce donc à l'égard du proche que je rencontre. Le respect au contraire est respect de tout homme : il semble n'atteindre le singulier qu'à travers l'universel. D'où un double risque : celui des contingences du sensible pour la pitié, celui de l'abstraction pour le respect : j'aime l'humanité, mais jamais l'homme que je rencontre. Il pourrait donc y avoir un amour et un respect de l'humanité qui s'accompagne d'une parfaite indifférence à la souffrance de l'homme singulier donné ici et maintenant.

Textes commentés

Le dissentiment

« Socrate. — Les haines et les colères, mon cher ami, n'est-ce pas le dissentiment sur certains sujets qui les provoque ? Réfléchissons un peu : est-ce que, si toi et moi, nous différions d'avis différent sur une question de nombre, savoir laquelle de deux quantités est la plus grande, ce différend ferait de nous des ennemis ? Nous fâcherions-nous l'un contre l'autre ? Ou bien ne suffirait-il pas d'avoir recours au calcul pour nous accorder bien vite sur un tel sujet ?
Euthyphron. — Assurément.
Socrate. — Et de même, à propos de longueurs plus ou moins grandes, si nous différions d'avis, il suffirait de recourir à la mesure pour mettre fin à notre différend ?
Euthyphron. — C'est incontestable.
Socrate. — Et je suppose que nous aurions recours à la pesée pour nous départager à propos du plus lourd et du plus léger ?
Euthyphron. — Comment en douter ?
Socrate. — Quel est alors le genre de sujets qui, faute d'un critère de décision, susciterait entre nous inimitiés et colère ? Peut-être ne l'aperçois-tu pas immédiatement ? Mais vois un peu : si je dis que c'est le juste et l'injuste, le beau et le laid, le bien et le mal, n'ai-je pas raison ? N'est-ce pas à propos de nos dissentiments là-dessus et à cause de notre incapacité, dans ces cas, à arriver à nous départager, que nous devenons ennemis les uns des autres, quand nous le devenons, toi et moi et tous les autres hommes ? »

Platon, *Euthyphron*, 7b-d.

Les haines et les colères entre les hommes naissent de leurs dissentiments. Il y a *dissentiment* quand moi-même et autrui *différons* d'avis ou d'opinion. Mais cette différence suffit-elle à engendrer la haine ?
Tout dissentiment se produit à propos de quelque chose : un *objet* déterminé, ou le *rapport* de deux objets (lequel des deux est le plus grand, le plus lourd etc.). Il est naturel et inévitable, dans la mesure où moi-même et autrui n'avons pas de connaissance précise de l'objet, et où nous en jugeons chacun selon notre point de vue et notre perspective.
Mais ce dissentiment est-il déjà une haine ?
Non puisqu'il existe une certaine opération (compter, mesurer) qui permet de trancher. Avant la pesée je pouvais croire que tel corps est plus lourd que tel autre ; autrui était d'un avis contraire : mais la pesée nous indiquera leurs poids véritables, nous saurons alors *tous les deux ensemble* quel est le plus lourd, et la présence de ce même savoir en chacun de nous terminera le différend en nous mettant d'accord.
En vérité, les exemples invoqués font référence à un *double* accord : celui qui est réalisé par l'opération même de mesure ou de pesée, et un accord préalable qui nous fait nous en remettre à la pesée ou à la mesure pour trancher. Car moi-même et autrui pensons dès l'origine qu'un corps possède un poids ou une longueur déterminés : cette thèse initiale d'objectivité nous accorde avant même que notre différend ne soit terminé, car nous savons qu'une *vérité accessible* (c'est le sens de l'opération de pesée ou de mesure) et reconnaissable par chacun nous départagera.
Or, s'agissant du beau et du laid, du juste et de l'injuste, ce n'est pas le différend qui est scandaleux : je puis croire à première vue que telle loi est juste alors qu'autrui la trouvera injuste. Ce qui fait de ce différend une haine, c'est qu'il *semble* que nous n'ayons pas d'opération équivalente à la pesée et à la mesure, qui permette de déterminer la justice et l'absence de justice, la beauté ou l'absence de beauté. Mais c'est surtout que moi et autrui ne nous mettons même pas *en quête* d'un tel moyen de nous départager, parce que nous présupposons implicitement qu'il n'y a ni vérité ni objectivité du beau et du juste. La haine vient du fait que nous désespérons de la vérité.
La dialectique est comme le recours à la pesée, elle va de pair avec cette confiance en la raison et la vérité qui fait que, même si nous différons pour l'instant d'avis, nous sommes d'accord pour être d'accord : le beau et le juste ne se réduisent pas aux points de vue et aux perspectives, ils ont chacun une nature déterminée qui fait l'accord des esprits.

L'homme, l'animal et l'automate

« Et je m'étais ici particulièrement arrêté à faire voir que, s'il y avait de telles machines, qui eussent les organes et le figure d'un singe, ou de quelque autre animal sans raison, nous n'aurions aucun moyen pour reconnaître qu'elles ne seraient pas en tout de même nature que ces animaux ; au lieu que, s'il y en avait qui eussent la ressemblance de nos corps et imitassent autant nos actions que moralement il serait possible, nous aurions toujours deux moyens très certains pour reconnaître qu'elles ne seraient point pour cela de vrais hommes. Dont le premier est que jamais elles ne pourraient user de paroles, ni d'autres signes en les composant, comme nous faisons pour déclarer aux autres nos pensées. Car on peut bien concevoir qu'une machine soit tellement faite qu'elle profère des paroles, et même qu'elle en profère quelques unes à propos des actions corporelles qui causeront quelque changement en ses organes : comme, si on la touche ne quelque endroit, qu'elle demande ce qu'on lui veut dire ; si en un autre, qu'elle crie qu'on lui fait mal, et choses semblables ; mais non pas qu'elle les arrange diversement, pour répondre au sens de tout ce qui se dira en sa présence, ainsi que les hommes les plus hébétés peuvent faire. Et le second est que, bien qu'elles fissent plusieurs choses aussi bien, ou peut-être mieux qu'aucun de nous, elles manqueraient infailliblement en quelques autres, par lesquelles on découvrirait qu'elles n'agiraient pas par connaissance, mais seulement par la disposition de leurs organes. Car, au lieu que la raison est un instrument universel, qui peut servir en toutes sortes de rencontres, ces organes ont besoin de quelque particulière disposition pour chaque action particulière ; d'où vient qu'il est moralement impossible qu'il y en ait assez de divers en une machine pour la faire agir en toutes les occurrences de la vie, de même façon que notre raison nous fait agir. »

Descartes, *Discours de la méthode*, V^e partie,
éd. Alquié, Garnier, Tome I, p. 628-629.

Si je me connais par conscience intérieure, comment puis-je reconnaître un autre homme à l'extérieur de moi, donné avec et par son corps dans un monde matériel ? Comment ce que je perçois dans le monde, la chose étendue, peut-il être présence d'un être pensant ?
Descartes part des automates : l'homme imite les actions extérieures des animaux (la nage, la marche) en agençant des moyens matériels simples. Il est donc naturel qu'on se représente les corps des animaux réels *comme si* c'étaient des machines beaucoup plus parfaites. L'automate est alors un modèle pour comprendre l'origine et la production des actions que l'on observe dans les animaux.
Passons du modèle à l'hypothèse. Admettons qu'il existe des machines très parfaites, « qui eussent les organes et la figure d'un singe ». Selon Descartes, il n'y a aucun moyen de distinguer le vrai singe de son automate parfait, parce que tout, dans le vrai singe, également se fait par l'ordre et la disposition des organes, c'est-à-dire de façon purement matérielle et mécanique.
Or nous aussi nous avons un corps matériel. Admettons donc qu'il y ait un automate parfait de l'homme. Serons-nous alors dans la même incapacité de distinguer l'homme-automate parfait de l'homme vrai ?
Il y a deux moyens « très certains » pour reconnaître les vrais hommes : le langage et l'action. Des automates peuvent parler ou agir, mais selon certaines circonstances pré-déterminées. Aucun automate ne peut jamais « répondre au sens de *tout* ce qui se dira en sa présence ». Aucun automate ne peut agir « en *toutes* les occurrences de la vie ». Dans les deux cas, l'essentiel est une même capacité *universelle* de combiner des actions et de signes pour *toutes* les circonstances possibles, alors qu'il faut à un automate un montage et un dispositif particulier pour chaque circonstance. La capacité d'un automate ou d'une machine est une *addition* de montages et de dispositifs particuliers. Or une addition ne peut être infinie : viendra toujours une circonstance imprévue, à laquelle ne correspondra aucun montage. La capacité de l'homme vrai est non pas somme de particularités (de montages particuliers), mais universalité. La raison est cette universalité en acte qui fait l'homme vrai. La présence d'un autre être pensant dans le monde est donc la présence même de cette universalité. C'est donc l'universalité de la pensée face au monde, et non la vérité de la pensée pour elle-même (qui est intérieure) qui manifeste l'*alter ego* à mes yeux comme présent dans le monde.

Autrui, la politique et l'amitié

« L'amitié semble aussi constituer le lien des cités, et les législateurs paraissent y attacher un plus grand prix qu'à la justice même : en effet, la concorde, qui paraît bien être un sentiment voisin de l'amitié, est ce que recherchent avant tout les législateurs, alors que l'esprit de faction, qui est son ennemi, est ce qu'ils pourchassent avec le plus d'énergie. Et quand les hommes sont amis il n'y a plus besoin de justice, tandis que s'ils se contentent d'être justes ils ont en outre besoin d'amitié, et la plus haute expression de la justice est, dans l'opinion générale, de la nature de l'amitié. »

Aristote, *Éthique à Nicomaque*, VIII, 1, 1155a 22-28,
éd. Tricot, Vrin, 1994, p. 383.

Toute cité repose sur la justice. Mais la justice suffit-elle à définir l'ordre de la cité ? Une cité fondée sur une alliance établie en vue d'empêcher les injustices réciproques et de favoriser les échanges remplit-elle *toutes* les fins de la cité ?

Aristote affirme l'insuffisance de la justice et la nécessité *politique* de l'amitié. L'amitié n'est pas un *supplément*, un moyen de vivre agréablement dans des cités qui pourraient se passer d'elle, mais quelque chose d'essentiel à la cité elle-même, tout en étant au-delà de l'ordre juridique strict.

Toute cité est faite d'hommes divers. Toute cité suppose donc un *lien* entre les individus qui la composent. Ce lien, selon Aristote, est l'amitié. Mais l'amitié n'est-elle pas purement d'ordre affectif ? Ici, l'amitié apparaît comme l'effet d'une nécessité politique : même le législateur s'en préoccupe, comme s'il fallait rechercher quelque chose qui est plus et autre que politique, l'amitié, de préférence à ce qui est purement politique, pour que l'ordre politique lui-même puisse exister. C'est que la cité est « une communauté du bien-vivre », et non une communauté strictement juridique, défensive et économique.

Il existe certes une amitié contingente et particulière, qui naît entre certains individus dans la cité sans avoir rapport à la cité. Ainsi peuvent se constituer des groupes qui sont comme étrangers au reste de la cité et se constituent contre elle. C'est ainsi que naissent les factions.

Ce que veut le législateur sous le nom de concorde, c'est une sorte d'amitié coextensive à la cité elle-même : une amitié entre tous les citoyens comme tels, non une amitié entre certains citoyens qui les séparerait des autres, et un accord de tous sur leurs intérêts communs : en un mot la volonté de bien-vivre ensemble, ce qui est la fin même de la cité.

La justice est insuffisante, car s'il n'y a que la justice, l'homme cherchera l'amitié dans des groupes distincts de la cité, et celle-ci ne réalisera pas la communauté du bien-vivre : le lien de réciprocité exige en plus un lien de concorde, c'est-à-dire un lien d'amitié. Mais, inversement, l'amitié semble faire l'œuvre de la justice et remplir sa fonction : ce n'est pas par stricte justice mais par amitié que je donne son dû à mon ami, et à mon concitoyen si nous sommes dans une cité véritable. Car si l'amitié est la plus haute forme de la justice, elle comprend en elle le reste de la justice, alors que l'inverse n'est pas vrai.

Autrui, la conscience et la honte

« J'ai honte de ce que je suis. La honte réalise donc une relation intime de moi avec moi : j'ai découvert par la honte un aspect de mon être. Et pourtant, bien que certaines formes complexes et dérivées de la honte puissent apparaître sur le plan réflexif, la honte n'est pas originellement un phénomène de réflexion. En effet, quels que soient les résultats que l'on puisse obtenir dans la solitude par la *pratique* religieuse de la honte, la honte dans sa structure première est honte *devant quelqu'un*. Je viens de faire un geste maladroit ou vulgaire : ce geste colle à moi, je ne le juge ni ne le blâme, je le vis simplement, je le réalise sur le mode du pour-soi. Mais voici tout à coup que je lève la tête : quelqu'un était là et m'a vu. Je réalise tout à coup la vulgarité de mon geste et j'ai honte. Il est certain que ma honte n'est pas réflexive, car la présence d'autrui à ma conscience, fût-ce à la manière d'un catalyseur, est incompatible avec l'attitude réflexive : dans le champ de ma réflexion, je ne puis jamais rencontrer que la conscience qui est mienne. Or autrui est le médiateur indispensable entre moi et moi-même : j'ai honte de moi tel que j'apparais à autrui. Et, par l'apparition même d'autrui, je suis mis en mesure de porter un jugement sur moi-même comme sur un objet, car c'est comme objet que j'apparais à autrui. Mais pourtant cet objet apparu à autrui, ce n'est pas une vaine image dans l'esprit d'un autre. Cette image en effet serait entièrement imputable à autrui et ne saurait me « toucher ». Je pourrais ressentir de l'agacement, de la colère en face d'elle, comme devant un mauvais portrait de moi, qui me prête une laideur ou une bassesse d'expression que je n'ai pas ; mais je ne saurais être atteint jusqu'aux moelles : la honte est, par nature, reconnaissance. Je reconnais que je suis comme autrui me voit. »

Sartre, *L'Être et le Néant,* Gallimard, Tel, pp. 265-266.

Tout ce texte tend à préserver l'*originalité* de la honte en supprimant *deux* malentendus.

Le premier malentendu est celui de la *réflexivité*. En effet, j'ai honte *de moi*. Il semble donc que je prenne *conscience de moi* comme ayant accompli un acte blâmable, et que la honte soit conséquence ou modalité de la conscience de moi comme fautif à mes yeux. Je serais juge de moi-même en cette conscience réflexive. Or Sartre veut montrer le contraire : la honte ne se produit pas dans le rapport intime de moi à moi-même, elle est *honte de moi devant autrui*. C'est parce que je suis *vu* que j'ai honte *de moi* : le regard d'autrui est la condition de la honte de moi-même. Or il n'est pas donné dans ma pure conscience réflexive. Certes, la honte est en ma conscience, mais elle implique que j'aie conscience de moi non pas seulement tel que je m'apparais à moi-même, mais tel que j'apparais à autrui.

Le second malentendu ferait du regard d'autrui la source de l'*opinion* qu'il a de moi. La honte ne serait qu'une tristesse qu'elle causerait en moi si elle m'était défavorable. Mais alors, soit que j'en craigne les conséquences, soit que je m'irrite du fait qu'autrui ne me connaisse pas tel que je suis, je n'identifierai pas à moi-même l'image qu'autrui se fait de moi, je préserverai plutôt une vérité de mon for intérieur *contre* tout ce qu'il pensera de moi. Au contraire, la honte vient du fait que je me *reconnais* dans le regard d'autrui ; il n'est pas simplement ce qui donne *à autrui* une opinion ou une image de moi, vraie ou fausse, il me fait *être à mes propres yeux* ce que je suis pour lui.

Dans la honte s'abolit la séparation absolue de mon être-pour-moi-même et de mon être-pour-autrui. Je ne compare pas ce que je sais de moi par moi-même avec ce qu'autrui pense de moi : autrui, en moi-même, me révèle à moi-même, bien qu'il ne me connaisse pourtant que *du dehors*.

Il faut soumettre cette analyse à un examen critique. Est-il vrai que je n'aie pas réflexivement honte de moi-même ? Qu'en est-il du regard de Dieu ? Que se passe-t-il quand j'accomplis un geste dont je *sais* qu'il n'est pas vulgaire, mais dont il m'apparaît soudainement qu'autrui peut le trouver tel : puis-je être à la fois irréprochable à mes yeux et éprouver de la honte devant autrui ? J'aurais alors honte de moi tel que j'apparais à autrui, *sans* me reconnaître en cette apparence. Quel est enfin le rapport qu'entretiennent le regard réel d'autrui (quelqu'un me voit), et le regard possible (on pourrait me voir) ? En un mot, ai-je honte d'être vu, ou bien d'être visible ?

Dissertations

Qu'est-ce que faire le bonheur d'autrui ?

PLAN

Introduction : peut-on faire le bonheur d'autrui dès lors que le bonheur n'est pas la satisfaction d'une passion ou d'un désir particuliers ?

I – La puissance

a) La satisfaction des désirs
b) L'attente du bonheur

Transition : la conscience comme inquiétude

II – La connaissance

a) L'assimilation
b) Du particulier au général

Transition : Autrui est-il cet autre ou tout autre ?

III – L'autorité

a) Autrui comme moyen
b) L'utopie sociale

Conclusion : bonheur et liberté

Introduction

Il y a, semble-t-il, *deux* manières de faire le bonheur d'autrui : on peut faire le bonheur d'autrui par accident, et n'être alors que l'occasion de ce bonheur ; tel est le cas de tous ceux qui correspondent involontairement à l'image du bonheur qu'autrui portait en lui, parfois même à son insu. Mais on peut aussi faire le bonheur d'autrui, ou en avoir l'intention, parce qu'on aura entrepris d'y *travailler* : on aura donc voulu être l'*artisan* du bonheur d'autrui. Mais peut-on alors réaliser le bonheur d'autrui dès lors qu'il ne s'agit plus d'aider à la satisfaction instantanée d'une passion particulière ?

I – La puissance

a) Il y a un moyen simple de faire le bonheur d'autrui : c'est de donner à chacun de ses désirs la satisfaction qui lui correspond. Le désir d'autrui est à chaque fois présupposé, il faut en être l'instrument. Ce que l'imagination résume en disant : pour faire le bonheur d'autrui, il faut lui fournir la lampe d'Aladin, qui figure une puissance illimitée au service du désir. La satisfaction du désir ne requiert donc de la part d'autrui aucun effort ni aucune attente : pour le désir, il n'y a pas d'épreuve de la médiation. Il n'y a pas d'histoire du désir : tous se valent, et chacun n'est qu'un caprice fugace qui se forme et disparaît aussitôt, car il est aussitôt satisfait.

b) Le don de la puissance s'inverse alors en malédiction. En effet, ce qui aurait rendu possible le bonheur, c'était précisément cette *attente*, cette *incertitude* qui sont à l'origine du désir. L'erreur consiste donc à croire que ce qui fait le bonheur c'est la satisfaction immédiate du moindre désir. D'une part parce qu'il est vrai que le désir assouvi peut être un désir nuisible, mais surtout parce que le bonheur se fonde sur une attente du bonheur. Ce qui manque à la toute puissance, c'est la connaissance de la conscience comme inquiétude et désir.

II – La connaissance

a) Si pour faire le bonheur d'autrui il faut le connaître, comment puis-je savoir ce qui le rendrait heureux ? Moi-même j'ai peine à faire mon bonheur et à déterminer les conditions de mon bonheur. La tentative de faire le bonheur d'autrui implique-t-elle que j'aie déjà réussi à faire mon bonheur, et que je ne fais qu'étendre aux autres, par bienveillance, les procédés qui m'ont réussi ? Si autrui n'est pas moi, comment puis-je déterminer les conditions de son bonheur ? Certes, ce qui m'a réussi m'a réussi comme homme. Je pense alors que ce qui m'a réussi réussira à tout autre. Je prends ma particularité pour règle.

b) Ou alors, puis-je faire le bonheur d'autrui en le connaissant comme tel ? Mais comment dois-je le connaître ? S'agit-il seulement de connaître ses désirs particuliers ? Ou faut-il connaître l'homme, et le bonheur de l'homme ? La question est donc de savoir si l'on peut faire le bonheur d'autrui comme *cet* autre (que je connais et que j'aime), ou faire le bonheur d'autrui comme de tout autre, ce qui implique que l'on sache en quoi consiste le bonheur de l'homme comme tel, indépendamment de sa particularité.

III – L'autorité

a) Je ne suppose que la volonté « abstraite » d'autrui : il veut son bonheur, et je prétends faire « droit » à son exigence. Mais c'est en moi seul que s'effectuerait le lien entre sa volonté indéterminée et la particularité, la détermination et le choix des moyens. En autrui tomberait seulement la conscience d'un résultat. J'usurpe donc toute la sphère de la réflexion, de la décision et de l'action. Je tire pour lui et à sa place toutes les conséquences de sa volonté du bonheur. Je ne cesse du lui dire : « tu veux le bonheur, donc tu veux ou tu dois vouloir ceci ou cela ». Je le délivre donc de l'incertitude inhérente à l'impératif pragmatique, je fais comme si, grâce à moi, le bonheur d'autrui cessait d'être un idéal de l'imagination.

Mais du fait que ce bonheur est à réaliser, il faut *aussi* qu'autrui y travaille ; mais sous mes ordres et en exécutant mes prescriptions. Ainsi autrui devient-il esclave et moyen dans le programme d'un bonheur qui est pourtant le sien.

b) C'est un des sens de l'utopie : le bonheur des hommes comme *fins* et le travail des hommes comme *moyens* sont posés simultanément, mais aussi séparés absolument. En apparence, l'homme est toujours considéré et respecté comme fin, en réalité, il est toujours traité seulement comme moyen, et l'identité en lui de la fin et du moyen est indéfiniment reportée. L'homme fait (produit) ce qu'il veut (le bonheur), sans décider jamais de ce qu'il fait.

Contre cette perspective d'une société parfaitement organisée, l'homme réclame le droit de se tromper dans sa recherche du bonheur.

Conclusion

C'est le respect de la liberté d'autrui qui doit m'interdire d'essayer de faire son bonheur, en me substituant à lui non seulement pour le produire, mais pour déterminer ce qu'il est.

Pistes à suivre :

☛ Sur la puissance extérieure mise au service du désir : « Aladin » dans les *Mille et une nuits*, Garnier-Flammarion. Alain, « La lampe d'Aladin », *Propos.* Hegel, *Phénoménologie de l'esprit*, « Maîtrise et servitude », Aubier, 1992. Balzac, *La Peau de chagrin.*

☛ Sur l'autorité et l'utopie : Dostoievski, *Le Sous-sol.* Jules Romain, *Knock.*

Le semblable et le prochain

PLAN

Introduction : le prochain semble irréductible au semblable

I – Le paradoxe logique

a) Le singulier et l'universel
b) L'idée de proximité
c) Reconnaître le prochain

Transition : le prochain ne se définit ni par la similitude ni par la proximité

II – De la pitié à l'amour

a) La similitude inefficace
b) Le respect

Conclusion : la rencontre et la contingence

Introduction

Pour qu'autrui soit mon *semblable*, il faut qu'il y ait une similitude entre lui et moi, et que nous possédions des traits en commun. Le semblable serait donc un intermédiaire entre la pure identité et la pure différence. Mais il faudrait déterminer ce sur quoi repose cette similitude. Le prochain est-il mon semblable ? S'il renvoie à la proximité, qu'est-ce qui me rend proche le prochain ?

Car le prochain n'est ni le semblable, ni le proche, ni même autrui. On parle du prochain, plus précisément encore de mon prochain. Apparaît une double difficulté : d'abord, en quoi mon prochain est-il *mien* ? Ensuite, on parle *du* prochain ou de *mon* prochain, mais jamais de *mes* prochains, alors que l'on parle de *mes* proches et de *mes* semblables. Le prochain ne fait ni espèce, ni nombre, et pourtant tout homme est, à chaque fois, mon prochain. Le semblable, quant à lui, ne procède pas seulement d'une comparaison, mais il renvoie à une identité spécifique qui fonde la similitude et qu'elle atteste.

I – Le paradoxe logique

a) Le semblable serait l'individu d'un genre, d'une espèce à laquelle j'appartiens. Ainsi, tous les hommes sont mes semblables, et c'est par cette appartenance commune à l'humanité qu'ils le sont, bien qu'ils ne me ressemblent pas tous. Or il est vrai que tout homme est mon prochain, et non que tous les hommes sont mes prochains. De plus, le prochain, *proximus*, est un superlatif : c'est le plus proche. Le proche s'oppose au lointain, comme le prochain s'oppose à tous les autres. Il ne peut donc y en avoir qu'un. Le prochain désigne-t-il le singulier ou l'universel ? Le prochain isole et distingue, et en même temps a tous les hommes comme extension de droit.

b) Je me connais des proches (ma famille, mes amis). Je les distingue par les liens plus ou moins étroits qu'ils ont avec moi. Mais il y a plusieurs ordres de proximité. La proximité de l'intimité n'est pas identique à celle du sang. Selon l'affection, un ami peut m'être plus proche que mon frère. Selon quel ordre de proximité faut-il alors déterminer le prochain ? Si, comme superlatif, le prochain, désigne le plus proche, il ne s'agit pourtant pas de chercher le plus proche parmi *mes* proches, mon ami le plus intime ou mon plus proche parent. Le prochain ne semble donc pas proche en vertu d'une situation.

c) La proximité hiérarchise : deux hommes sont plus ou moins proches. La similitude égalise : tous les hommes, même les plus lointains, sont mes semblables. Mais la similitude suffit-elle à fonder une proximité ? Je peux bien indiquer un de mes semblables, tout homme que je rencontre est un de mes semblables. mais à quoi reconnaît-on le prochain ? Mais si je cherche le prochain dans ceux qui me sont proches ou dans ceux qui me sont semblables, je le manque. Le prochain apparaît bien plutôt comme le plus lointain selon tous les ordres de proximité relative : ce voyageur qui ne m'est rien, que je ne reverrai jamais, et que je vois blessé sur le bord de la route.

II – De la pitié à l'amour

a) Pourquoi se pose la question de reconnaître le semblable et le prochain ? On pourrait penser que le semblable est une notion purement théorique, alors que le prochain est d'ordre pratique.

Cependant, j'invoque la similitude dans le scandale. Comment se fait-il que le semblable fasse du mal à son semblable ? C'est la thèse de la solidarité intraspécifique. *Homo homini lupus :* l'homme est un loup pour l'homme, alors que le loup n'est pas un loup pour le loup. C'est la plainte de Schylock qui évoque tous les traits de similitude pour rendre encore plus scandaleux le mépris dans lequel, Juif, il est tenu par les Chrétiens.

La plainte de Schylock manifeste donc que la similitude semble ne pas suffire à fonder des devoirs ou un respect. C'est l'impuissance de la pitié et de la solidarité naturelles. Le prochain n'apparaît-il pas quand la pitié devient inactive ?

b) Le prochain ne prend-il pas sens dès lors que la similitude devient inefficace et insuffisante à fonder le respect ? Le prochain est donc au-delà du semblable. Il est visé non par la pitié mais par l'amour : « tu aimeras ton prochain comme toi-même ». L'ordre des proches est celui de l'égoïsme étendu. Il est un prolongement de mon intérêt bien compris, un ordre des priorités : j'ai plus de devoirs envers ma famille qu'envers mes amis, envers mes amis qu'envers mes concitoyens, envers mes concitoyens qu'envers les étrangers. C'est l'ordre de l'extension progressive d'une communauté initialement fondée sur l'amour de soi. Au contraire, je rencontre le prochain (qui d'un coup devient l'*absolument* proche) comme le plus lointain selon tous les ordres de la proximité relative, comme quelqu'un auquel ne me lie aucun lien du sang, d'amitié etc.

Conclusion

Le prochain n'est ni un universel, ni un singulier qui serait déterminé par ma situation : il m'est donné dans la rencontre et la contingence. Mais peut-on faire dépendre mon attitude envers autrui de la contingence des rencontres ? Comment est-il possible de prendre conscience de tout homme, d'autrui en général, sur le mode du prochain ?

Pistes à suivre :

☛ Sur le prochain, et la question de savoir à quoi je puis reconnaître mon prochain, voir la parabole du bon Samaritian, *Luc*, 10 : 27-37.
☛ Sur la pitié : Rousseau, *Discours sur l'origine et les fondements de l'inégalité*, et *Essai sur l'origine des langues.*
☛ Sur la protestation de Schylock, voir ci-dessus, Shakespeare, *Le Marchand de Venise*, Pléiade, 1959.

Dois-je respecter autrui ?

PLAN

Introduction : l'observation et le devoir

I – La justice du respect

a) Respect et discernement
b) Les espèces du respect et la diversité des grandeurs

Transition : le devoir de discernement dans le respect n'est pas devoir de respect

II – L'être respectable en tout homme

a) La négativité
b) Le possible et la liberté

Transition : comment autrui peut-il se reconnaître pour respectable dans le respect que je lui porte ?

III – Les ambiguïtés du respect

a) Respect et distance
b) Respect et humilité

Conclusion : respect et confiance en la liberté

Introduction

Deux difficultés se dégagent d'emblée. En *premier* lieu, le respect semble être un *sentiment* que j'éprouve, et qui provient de l'expérience habituelle dans laquelle je puis reconnaître la valeur de tel ou tel homme. Comment peut-il y avoir un *devoir* de respect ? Et surtout un devoir qui me porte à respecter *tout* homme ? En quel sens faut-il alors prendre le respect pour que ce devoir soit possible ? En *second* lieu, l'expérience de la bassesse et de la méchanceté humaines est hélas très généralement répandue : dois-je alors respecter autrui avant de l'avoir reconnu pour respectable ? L'observation du devoir de respect est-elle subordonnée à la condition d'un examen préalable des titres qui font qu'autrui mérite ce respect ?

I – La justice du respect

a) Si le respect naît naturellement en moi de la reconnaissance des qualités d'autrui, il ne peut être un *devoir*, et il sera toujours dépendant de la particularité. Tel homme sera respectable, tel autre sera méprisable au plus haut point. Toute la difficulté consistera dès lors à ne pas me laisser abuser, à bien placer et dispenser mon respect. Il faudra également que je me garde de confondre le respect qu'appellent le caractère ou les vertus d'autrui et l'admiration que suscitent ses qualités naturelles ou son habileté et son savoir. Si d'une manière générale le respect est reconnaissance d'une valeur en autrui, il faudra distinguer ce qui est en lui absolument bon (la bonne volonté), et ce qui n'est que bon à quelque chose, comme le fait Kant dans les *Fondements de la métaphysique des mœurs*. Ainsi l'intelligence d'autrui ne lui fait pas nécessairement mériter le respect, ou n'importe quel respect. Cette prudence dans l'usage de mon respect peut ainsi acquérir en elle-même une certaine valeur, si elle s'accompagne de discernement, et si je réserve mon respect à ce qui est véritablement (moralement) respectable.

b) Du même ordre sont les distinctions que recommande Pascal dans les *Discours sur la condition des grands*. Il y a *différentes sortes* de respects. Des « respects d'établissement » que nous devons à certaines fonctions ou à certaines dignités, parce qu'elles sont ainsi établies parmi les hommes ; c'est ainsi que *j'assure de mon respect* le ministre ou le supérieur auquel j'adresse une lettre. Et des « respects naturels qui consistent dans l'estime » : ainsi j'estimerai un honnête homme. Mais il y aurait injustice à ce que je rende à l'évêque, parce qu'il est évêque, le respect que je dois à un saint.

En ce sens, il y a un devoir de discernement et de justice dans la distribution du respect : mais ce n'est pas un devoir *de* respect.

II – L'être respectable en tout homme

a) Nous avons vu que le juste respect présuppose une *distinction* des points de vue : en tel homme, je respecte la fonction dont il est investi, en tel autre, l'honnêteté. Pour que je respecte *tout* homme, il faut, semble-t-il, que je fasse abstraction tant de sa position que de sa conduite. Mais que reste-t-il alors ? Et comment puis-je être tenu de respecter même le scélérat ?

Le devoir de respect implique que je respecte l'*homme* en *tout* homme. Je nie alors que les hommes se réduisent à leurs fonctions ou à leurs actions, en un mot à leurs phénomènes, à ce que je peux en savoir empiriquement. Le respect d'autrui implique donc cette négativité qui me permet de viser en lui ce qui est au-delà de toute expérience, ce qui est même démenti par toute expérience.

b) La question se pose alors de savoir *ce que* je respecte en autrui quand je respecte l'humanité en lui : il ne peut s'agir de la simple appartenance à une espèce animale. Je puis respecter ce qu'il n'est pas, mais qu'il pourrait être : en autrui, je respecte donc le possible et l'avenir dans le présent. Mais l'actualisation de ce pouvoir-être n'est pas simple développement (comme dans le cas de facultés naturelles), elle est aussi rupture (par rapport à un mal radical) : je respecte donc en autrui la *liberté* comme pouvoir révélé par le devoir : la liberté négative d'abord, ou puissance d'agir indépendamment des sollicitations de la sensibilité, et ensuite la liberté positive de l'autonomie. Je respecte donc en tout homme le co-législateur de la loi morale (de même, je n'admets pas qu'en un homme la raison législatrice morale elle-même puisse être pervertie). Le respect est donc doublement indissociable de la loi morale : d'une part en ce qu'elle *me* commande le respect, d'autre part en ce qu'elle m'indique ce qui est respectable en autrui, sa qualité de législateur et de citoyen d'un monde intelligible.

III – Les ambiguïtés du respect

a) Le respect d'autrui est efficace en ce qu'il convainc autrui de sa dignité. Mais encore faut-il qu'autrui puisse se reconnaître en l'homme que je respecte et que je vise en lui. Paradoxalement, la personne singulière d'autrui peut se sentir méprisée par le respect que je porte en lui à un homme qu'il perçoit comme étant au-delà de lui. De plus, dans le respect d'autrui, ne s'agit-il pas souvent du respect de moi-même ? Si je refuse d'employer contre le scélérat les moyens du scélérat, de mentir au menteur, de trahir le traître, de torturer le bourreau, est-ce parce que je respecte autrui, c'est-à-dire l'homme en lui, ou est-ce parce que je ne veux pas me commettre avec lui, lui devenir identique ? En ce sens, le respect de l'homme en autrui est identique avec le refus de prendre autrui tel qu'il est pour modèle, il est aussi une vertu de la distance et un devoir envers soi.

b) Pour que le respect de l'homme en autrui ne soit pas aussi un mépris de l'individu réel en lui, il faut que j'aie également conscience de ce qui me sépare de ce que j'ai à être : il faut donc que j'humilie *en moi-même* ma présomption, et que je prenne conscience de ma fragilité. C'est le sens du respect comme sentiment moral, c'est-à-dire comme humiliation de ma sensibilité devant la loi.

Conclusion

Le respect comme devoir a un double sens : d'une part, il doit tendre à conserver ou à susciter en autrui le respect qu'il se porte, et ce n'est pas respecter autrui que de le respecter en l'humiliant ou en le désespérant. D'autre part, il me commande de ne pas traiter autrui simplement comme moyen de mes fins : il est donc directement rattaché à la loi morale, et il détermine *ma* conduite.

Pistes à suivre :

☛ Kant, *Critique de la raison pratique*, chap. III, « Des mobiles de la raison pure pratique », Pléiade II ; *Fondements de la métaphysique des mœurs*, « Deuxième section », Pléiade II, en particulier la formule de la loi morale : « Agis de telle sorte que tu traites l'humanité aussi bien dans ta personne que dans la personne de tout autre toujours en même temps comme une fin, et jamais simplement comme un moyen », et *Métaphysique des mœurs*, « Doctrine de la vertu », §§ 23-25.

☛ On s'interrogera également sur les rapports entre le devoir d'amour (tu aimeras ton prochain) et le devoir de respect. Voir également, dans *Les Misérables*, la rencontre de Jean Valjean et de Mgr. Bienvenue.

Autrui me connaît-il mieux que je ne me connais moi-même ?

PLAN

Introduction : le paradoxe, autrui et ma conscience

I – L'imperfection de ma connaissance de moi-même

a) Conscience de soi et connaissance de soi

b) La personne et la *cogito*

c) Les illusions de la conscience de soi

Transition : méconnaissance de moi-même et connaissance de moi par autrui

II – Connaissance d'autrui et reconnaissance de soi

a) Les signes

b) Les actes

Conclusion : le sens de la reconnaissance

Introduction

Il faut commencer par souligner ce paradoxe : si je suis immédiatement présent et originairement donné à moi-même, si je me saisis moi-même sans l'intermédiaire du langage et sans possibilité de masque ou de dissimulation, il semble impossible que je ne sois pas celui qui me connaît le mieux. Pour que le sujet prenne sens, il faut donc concevoir un moi véritable qui pourtant ne se réduise pas au moi dont j'ai conscience, il faut qu'autrui puisse me connaître tel que je suis en vérité, et cependant tel que je ne suis pas originairement pour moi-même et à mes propres yeux.

I – L'imperfection de ma connaissance de moi-même

Si autrui me connaît mieux que je ne me connais moi-même, c'est que je ne me connais pas parfaitement et adéquatement.

a) Déjà du point de vue métaphysique, on montrera que la *conscience de soi* n'est pas pour autant *connaissance de soi*. Comme l'explique Kant dans l'analyse des « Paralogismes », la conscience *pure* de moi est une *fonction* de la pensée en moi, elle n'est donc pas une intuition qui me donnerait à moi-même comme objet. Certes, cette analyse veut réfuter la psychologie rationnelle : mais elle a pour notre propos cette conséquence que l'intuition (sensible et empirique) que j'ai de moi-même n'est pas plus originairement vraie que celle que je puis avoir des objets extérieurs. Du fait que je ne me saisis moi-même que comme phénomène, il n'y a pas de privilège épistémologique de l'intériorité.

b) Certes, il semble que je sois mieux placé que quiconque pour observer ce qui se passe en moi. Cependant, si toute pensée en moi (et mes imaginations, mes volontés, mes passions sont des pensées, puisque j'en suis immédiatement conscient, comme le dit Descartes) m'apprend bien que je pense et que je suis, cette conscience ne me distingue en rien des autres. Puis-je alors en conclure que les pensées singulières qui sont en moi l'occasion du *cogito* caractérisent mon *être* particulier et me le font véritablement connaître ? Ainsi, quand il semble à Chimène qu'elle hait Rodrigue, elle peut effectuer authentiquement le *cogito* à propos de cette haine (je hais, ou il me semble que je hais, donc je suis) : mais il ne s'ensuit pas qu'elle connaisse *en vérité* le fonds de son cœur.

c) Il y a donc une illusion qui me fait passer de la vérité de la pensée ou même de l'être pensant en moi à la croyance en la vérité de l'observation intérieure : je décris des états d'âme donc je me connais non plus seulement comme être pensant mais comme individu et personne. C'est comme si le *journal intime* prétendait s'autoriser de la vérité du *cogito*. Or théologiens et moralistes dénoncent ensemble cette vanité de la connaissance de soi, les uns en affirmant que Dieu me connaît mieux que je ne me connais moi-même et en dénonçant la prétention de mon intériorité, les autres en démasquant toutes les dissimulations et tous les artifices dont j'use pour me présenter à mes propres yeux.

II – Connaissance d'autrui et reconnaissance de soi

Il ne suffit pas de prouver que ma connaissance de moi-même a des lacunes, il faut maintenant montrer comment cette part de moi qui m'échappe est accessible à autrui.

a) La vérité de mon être existe comme signification des signes, également perceptibles pour moi-même et autrui, mais dont autrui seul effectuerait l'interprétation : comme le dit ce personnage de Marivaux, « quand vous me disiez que j'aimais Madame, vous connaissiez mieux mon cœur que moi ». On remarquera que ces signes sont donnés selon un mode d'être où s'efface la distinction de l'intériorité et de l'extériorité. Le trouble où autrui lit mon amour était manifeste *de l'extérieur*, mais je me dis ensuite que j'aurais pu ou dû m'en apercevoir moi-même.

b) La vérité de mon être existe comme sa réalisation. C'est ainsi que contre toute justification fondée sur l'excellence de mes intentions (que je suis le seul à connaître), on m'objectera la réalité de mes actes. Et même si l'on dit, avec Kant, que la vérité de l'agir humain est dans la maxime de son action plus que dans son succès, on ne fonde pas pour autant un privilège de la conscience sur l'objectivité extérieure, puisque la maxime suprême de mes actions précède tout usage de ma liberté dans le temps, et donc ne m'est pas *empiriquement* accessible. Mais si je ne suis que la somme de mes actes, et si ces actes eux-mêmes sont identifiés à l'ensemble de leurs conséquences objectives, mon être entier semble se confondre avec ce qu'en fait la totalité des circonstances extérieures. Autrui me connaît, mais je ne puis plus *me* reconnaître en cette connaissance.

Conclusion

Je me reconnais dans la connaissance qu'autrui a de moi. Si par inattention ou par manque de sincérité je ne me suis pas aperçu de mon amour alors qu'autrui l'a deviné, je me sais désormais moi-même comme possédé depuis longtemps de cet amour. Or cette *reconnaissance* de soi manifeste bien que la vérité de mon amour existait en moi dès l'origine, et que j'ai seulement manqué de m'en apercevoir. On aboutit dès lors à cette alternative : ou bien la connaissance qu'autrui a de moi n'est que représentation en autrui, et autrui cherche seulement à me persuader de son interprétation, qui l'exprime encore davantage qu'elle ne m'exprime ; la question est alors de savoir comment je puis être incertain de moi-même au point de revêtir le personnage qu'autrui me propose. Ou bien, la connaissance qu'autrui a de moi n'est que présomptive, et sa vérité est tout entière subordonnée à l'aveu que je fais de ma reconnaissance. En droit, je suis donc la source authentique de toute connaissance de moi.

Pistes à suivre :

☛ On étudiera le thème des confessions : visent-elles à me faire connaître à autrui ou à moi-même ? (*Confessions* de saint Augustin et de Rousseau). Les « Paralogismes », *Critique de la raison pure*, Kant, Pléiade I.

☛ Sur la non-transparence immédiate de moi à moi-même, sur le retard de la conscience par rapport à un sentiment déjà évident à autrui, lire le théâtre de Marivaux et Stendhal (en particulier *La Chartreuse de Parme* et *Lucien Leuwen*).

☛ Sur l'insincérité par rapport à soi-même, les *Maximes* de La Rochefoucauld.

☛ Sur la « fausse reconnaissance » de moi-même dans la « connaissance » qu'autrui prétend avoir de moi, sur l'effet de persuasion de cette connaissance, les analyses de Nietzsche dans la *Généalogie de la morale*, OC, Gallimard. De même, on se demandera si, en psychanalyse, le désir « refoulé » est l'objet d'une véritable reconnaissance ou d'une reconnaissance par persuasion.

Sur quoi repose l'accord des esprits ?

PLAN

Introduction : accord et vérité

I – Accord et uniformité d'avis

a) L'accord des avis et des opinions : *homodoxia*

b) L'accord extérieur

Transition : être d'accord et s'accorder

II – Le véritable accord : *homologia*

a) Accord avec autrui, accord avec soi

b) La vérité

c) Les sciences

d) La dialectique

Conclusion : l'universalité subjective

Introduction

On peut distinguer l'accord à propos de quelque chose (opinion ou connaissance) et l'accord en vue de quelque chose. Ainsi, la convention est aussi un accord. Mais alors, c'est plutôt quelque chose (la valeur d'une monnaie, un signe arbitraire, ou un projet réalisé en commun) qui repose sur l'accord. On aurait donc l'opposition de l'accord fondé et de l'accord fondateur. Mais tout accord en vue de repose sur une fin, et donc sur la vérité d'un jugement portant sur le bien, particulier ou commun. Il semble que l'on ne puisse envisager l'accord sans référence à une vérité.

I – Accord et uniformité d'avis

L'accord est-il constitué seulement par le fait que plusieurs parlent et pensent de même, ou sont du même avis ?

a) Prenons la thèse soutenue par Pôlos dans le *Gorgias*, selon laquelle on peut être, tel le tyran, très heureux en commettant l'injustice. Polos aura avec lui la multitude pour assurer que commettre l'injustice vaut bien mieux que la subir, il se prévaudra donc de l'*accord de tous* contre le seul Socrate. Mais cette unanimité des « faux témoins » (472b) est-elle bien un *accord* ? Oui, si l'accord se réduit au simple fait qu'une même opinion est partagée par tous. L'accord serait uniquement une *homodoxia*, une uniformité d'opinion.

Mais, *en chacun*, d'où procède cette opinion ? Empruntons un autre exemple au *Gorgias*. Des enfants seront d'accord pour préférer le cuisinier au médecin, et pour condamner celui-ci sur les accusations de celui-là (521e-522c). Mais comment cet accord se produit-il ? Il résulte d'une part de l'identité de la gourmandise et de l'ignorance en chacun des enfants, d'autre part de la flatterie et de la persuasion du cuisinier. En chacun pris à part, l'avidité et la déraison produisent un avis, et, comme ils se ressemblent tous sur ce point, cet avis se trouve être celui de tous. Mais également, en chacun, c'est aussi la voix de tous qui parle, articulée ou non par le rhéteur. L'avis de Pôlos ou de l'enfant est donc à la fois l'effet de sa condition singulière (ignorance et désir) et l'immense rumeur de l'opinion anonyme. Il se *trouve* donc d'accord avec tous : il y a un effet d'accord, mais jamais ils ne se sont mis d'accord, l'accord n'a jamais été visé et produit comme tel.

b) Si moi-même et autrui effectuons correctement *chacun de notre côté* la même opération arithmétique, quand nous comparons à la fin les deux résultats, nous constaterons qu'ils sont identiques. Mais s'agira-t-il d'un *véritable* accord ? Nous nous bornons à constater l'identité du résultat. Il pourra même se faire que ce soit un tiers qui les compare, et que chacun de nous d'eux croie qu'il a été le seul à effectuer l'opération. Si l'accord entre moi et autrui n'existe que pour le tiers qui recueille et confronte nos jugements, peut-on dire que je suis *en* accord *avec* autrui, si à aucun moment de ma réflexion ou de mon calcul je ne me suis *rapporté à* autrui ?

Ces analyses nous permettent de douter qu'il y ait véritable *accord des esprits* quand les esprits ne se sont pas accordés, quand l'accord est le simple constat extérieur d'une identité des avis ou des jugements dont chacun a été engendré à part.

II – Le véritable accord : homologia

a) Il n'y a pas d'accord sans que les esprits n'existent l'un pour l'autre, ne se rapportent l'un à l'autre dans la recherche et l'obtention de cet accord. Autrement dit, l'accord, l'*homologia*, implique en toute rigueur qu'autrui et moi-même nous nous rendions réciproquement raison de notre pensée pour obtenir notre aveu commun : « Moi au contraire, si je ne te produis pas toi-même comme unique témoin *en accord* avec ce dont je parle, j'estime n'avoir rien fait qui vaille » (*Gorgias*, 472b).

Mais en même temps l'accord des esprits entre eux est immédiatement reconnu comme l'accord de chaque esprit avec soi : « Calliclès ne s'accordera pas avec toi, Calliclès, et dans toute ta vie il y aura dissonance » (482b).

b) Mais s'il n'y a pas de *vérité*, c'est-à-dire de nature telle qu'elle soit toujours *identique* à elle-même, si toute chose *est* à chaque fois comme elle *paraît* à chacun, l'accord est impossible. Pour un tel, le vent sera froid, pour l'autre, chaud : jamais donc ils ne parleront de la même chose. Il n'y a pas d'accord qui ne soit un accord *sur* l'objet. Ainsi le petit esclave du Ménon, lorsqu'il dit « oui » à Socrate, ne se range pas à l'*avis* ou à l'*opinion* de ce dernier, mais ne fait que reconnaître à son tour la même vérité que Socrate connaissait déjà. Il ne s'agit donc pas d'une contagion de l'opinion, mais de la soumission de tous les esprits à la même vérité. C'est donc l'*homologia* qui permet d'éviter que les avis ne deviennent identiques par la ruse et la violence.

c) S'agissant de l'arithmétique, il y a bien accord, et ce pour une double raison : d'une part autrui et moi-même admettons initialement les mêmes principes et les mêmes règles, d'autre part, chacun, même s'il calcule ou démontre tout seul, juge *pour tout autre* en jugeant *selon la vérité*. Comme le dit Kant, l'universalité *subjective* (l'accord de tous les sujets) procède de l'universalité *objective* (la connaissance *a priori*).

d) On peut cependant, d'après Platon, distinguer un accord *dianoétique* et un accord *dialectique* : quand nous nous mettons d'accord pour admettre tel postulat, nos raisonnements seront parallèles et nos conclusions concordantes. Cependant, nous ne serons pas en *parfait* accord, parce que nous ne nous serons pas rendu raison de nos hypothèses. La question sera dès lors de savoir si nos connaissances sont de l'ordre d'un accord hypothétique (fondé sur l'admission commune d'hypothèses infondées) ou si nous pouvons parvenir à un accord anhypothétique. Seule la philosophie serait le *véritable* accord des esprits.

Conclusion

La question est de savoir si seule l'*objectivité* est la condition de l'accord des esprits. On aurait alors une alternative stricte entre l'accord comme effet (pathologie du désir ou de la persuasion qui flatte le désir) et l'accord comme connaissance. Mais n'y a-t-il pas un véritable accord des esprits qui ne se fonde pas sur une connaissance, un accord entre les esprits qui ne soit pas un accord sur l'objet ? C'est le sens que Kant donne au terme de « beau ». Quand je dis d'une chose qu'elle est belle (et pas seulement agréable), j'entends par là que tout un chacun devrait être d'accord avec moi pour la trouver belle également, bien que je ne puisse fournir aucune raison (aucun concept) pour fonder cet accord.

Pistes à suivre :

☛ Sur l'accord comme *homodoxia*, la persuasion et l'accord comme pur *effet* : le *Gorgias*, déjà cité. Sur la foule et la phénomène de la foule, le discours d'Antoine dans le *Jules César* de Shakespeare (acte III, scène 2) ; voir également Freud, *Essais de psychanalyse*, « Psychologie collective et analyse du moi ».

☛ Sur le rapport entre la vérité, la faculté dialectique et l'*homologia*, *Parménide*, 135b-c. Voir également les rapports entre accord des esprits et réminiscence, dans le *Ménon*.

☛ Sur les sciences discursives (qui ne rendent pas raison des hypothèses) et la dialectique, *République*, VI et VII.

☛ Sur l'universalité subjective, Kant, *Critique de la faculté de juger*, « Analytique du beau. Deuxième moment : Du jugement de goût considéré selon sa quantité » (§§ 6-9).

Glossaire

ALTÉRITÉ : caractère de ce qui est autre.

CARACTÈRE EMPIRIQUE : expression de Kant, qui désigne le principe de la régularité (et de la prévisibilité) des actions du sujet, tel que je puis le saisir dans l'expérience. Selon le caractère empirique, les actions du sujet « comme phénomènes [sont] totalement prises dans l'enchaînement avec d'autres phénomènes suivant des lois constantes de la nature » (*Critique de la raison pure*, A 539/B 567).

INTERSUBJECTIVITÉ : rapport entre des sujets pensants et des *cogito*, tel que peut en dépendre l'objectivité même du monde. Le monde ne correspond plus seulement à un *je*, mais à un *nous*.

MONADE : unité ontologique ou substantielle à laquelle correspond une intériorité représentation ou une sphère d'évidence propre. Le terme renvoie principalement à la philosophie de Leibniz (*Monadologie*), mais il est également repris par Husserl (*Méditations cartésiennes*, « 5e méditation »).

PITIÉ : répugnance à voir souffrir un semblable. Implique une forme d'identification à celui qui souffre. Voir Rousseau.

RECONNAISSANCE : dans ce contexte, exprime le fait qu'une conscience de soi n'a pas d'existence simplement naturelle, et qu'elle n'est véritablement que par et pour une autre conscience de soi qui la *reconnaît*. Voir Hegel, *Phénoménologie de l'esprit*, chap. IV (« La conscience de soi est en soi et pour soi quand et parce qu'elle est en soi et pour soi pour une autre conscience de soi; c'est-à-dire qu'elle n'est qu'en tant qu'être reconnu »).

SOLIPSISME : situation ou doctrine en vertu de laquelle je suis le seul être ou le seul être pensant qui existe ou qui soit véritable dans le monde. Voir par exemple Sartre, *L'Être et le Néant* (3e partie, chap. 1, pp. 267 *sqq.*).

Index

IMPRESSION - FINITION
Aubin Imprimeur, 86240 Ligugé. — D.L. juillet 1999. — Impr. L 58615